FRANZI SCHÄDEL

Biokiste *vegan*

Meine Lieblingsrezepte

FRANZI SCHÄDEL

Biokiste *vegan*

Meine Lieblingsrezepte

KOSMOS

Inhalt

Meine Biokiste
—— *vegan durchs Jahr*

Ich liebe Überraschungen, und ganz besonders kulinarische.
Deshalb bestelle ich mir schon seit einigen Jahren eine Biokiste.
Alle 14 Tage steht sie frisch und knackig mit dem Besten, was die
Region an Gemüse und Obst zu bieten hat, vor meiner Haustüre.
Der Augenblick, in dem ich das tolle Angebot begutachten kann,
ist mir sehr wichtig und ich möchte ihn nicht missen. Die bunte
Gemüsevielfalt inspiriert mich, viele wneue Ideen schießen mir
durch den Kopf, welche ich, am besten sofort, in meiner Küche
ausprobieren möchte.

Wichtig ist mir eine Biokiste aber nicht nur wegen der Frische
und des guten Geschmacks der saisonalen Obst- und Gemüsesorten. Ebenso wichtig ist für mich, dass die Produkte unter fai-
ren und nachhaltigen Bedingungen hergestellt werden und ich
sie mit gutem Gewissen verwenden kann.

In diesem Buch habe ich meine Lieblingsrezepte, zu denen mich
die Biokiste in den letzten Jahren inspiriert hat, zusammengestellt. Besonders wichtig dabei war mir, dass die Gerichte einfach
zuzubereiten sind und dies auch mit möglichst wenigen Zutaten,
die leicht und überall erhältlich sind. Besonderen Wert lege ich
dabei auch darauf, dass die Produkte, die ich neben frischem
Obst und Gemüse verwende, ohne Geschmacksverstärker und
Zusatzstoffe auskommen.

Viel Spaß beim Nachkochen und Genießen!
Franzi

Saisonkalender
—— für Obst & Gemüse

	Januar	Februar	März	April	Mai	Juni
Äpfel						
Auberginen						
Aprikosen						
Birnen						
Blaubeeren						
Blumenkohl					●	●
Bohnen, grüne						
Brokkoli					●	●
Chicorée	●	●				
Chinakohl						
Erdbeeren						●
Erbsen					●	●
Feldsalat	●	●				
Fenchel						●
Frühlingszwiebeln					●	●
Grünkohl	●	●				
Himbeeren						
Kartoffeln						●
Knollensellerie						●
Kohlrabi					●	●
Kopfsalat					●	●
Kürbis						
Lauch	●	●	●	●	●	●
Mangold					●	●
Möhren						●
Paprikaschoten						
Pastinaken	●	●	●			
Radieschen				●	●	●
Rauke						
Rhabarber				●	●	●
Rosenkohl	●	●				
Rote Bete						●
Rotkohl						
Spargel				●	●	●
Spinat				●	●	●
Tomaten						●
Topinambur	●	●	●			
Weißkohl						
Wirsing						
Zucchini						
Zwetschgen						

Viele Obst- und Gemüsesorten gibt es inzwischen fast das ganze Jahr über. Die Tabelle zeigt, wann sie bei uns Hauptsaison haben und sich erntefrisch in der regionalen Biokiste finden.

Juli	August	September	Oktober	November	Dezember	
	●	●	●			Äpfel
●	●	●	●			Auberginen
●	●					Aprikosen
	●	●	●			Birnen
●	●					Blaubeeren
●	●	●	●	●		Blumenkohl
●	●	●	●			Bohnen, grüne
●	●	●	●	●		Brokkoli
		●	●	●	●	Chicorée
●	●	●	●	●		Chinakohl
●	●					Erdbeeren
●	●	●				Erbsen
		●	●	●	●	Feldsalat
●	●	●	●	●		Fenchel
●	●	●				Frühlingszwiebeln
				●	●	Grünkohl
●	●					Himbeeren
●	●	●	●			Kartoffeln
●	●	●	●	●		Knollensellerie
●	●	●	●			Kohlrabi
●	●	●	●	●		Kopfsalat
	●	●	●	●		Kürbis
●	●	●	●	●	●	Lauch
●	●	●	●			Mangold
●	●	●	●			Möhren
●	●	●	●			Paprikaschoten
		●	●	●	●	Pastinaken
●	●	●				Radieschen
●	●	●	●			Rauke
						Rhabarber
		●	●	●	●	Rosenkohl
●	●	●	●	●		Rote Bete
	●	●	●	●		Rotkohl
						Spargel
●	●	●	●	●		Spinat
●	●	●	●			Tomaten
		●	●	●	●	Topinambur
●	●	●	●	●		Weißkohl
●	●	●	●	●		Wirsing
●	●	●	●			Zucchini
	●	●				Zwetschgen

Frühling

—— jung & knackig

» Jetzt zieht die Frische in meine Küche
ein und ich freue mich auf den ersten Spargel,
würzigen Bärlauch, auf knackig-rote Radieschen
und aromatische Erdbeeren! «

Zuckerschoten-Salat
—— *mit Linsen & Holunderblüten*

Für 2 Portionen
- 100 g gelbe Linsen
- 300 g Zuckerschoten
- 2 EL Olivenöl
- grobes Meersalz
- Pfeffer aus der Mühle
- 2 Dolden Holunder-
  blüten

Zeitbedarf
- ca. 30 Minuten

Die gelben Linsen nach Packungsangabe zubereiten und abkühlen lassen. Die Zuckerschoten waschen, trocken tupfen, harte Stielenden und störende Fäden eventuell entfernen. Die Zuckerschoten in feine Streifen schneiden.

In einer Pfanne das Olivenöl erhitzen und die Zuckerschotenstreifen darin kurz anschwitzen. Die Linsen dazugeben und mit etwas grobem Meersalz und Pfeffer aus der Mühle abschmecken.

Die Holunderblüten vorsichtig ausschütteln und die Blüten von den Dolden zupfen. Die Zuckerschoten und die Linsen auf 2 Tellern anrichten und mit den Holunderblüten garnieren. Der Salat kann lauwarm oder kalt serviert werden.

> *Die wunderbaren Holunderblüten kann man – je nach Region – ab Mitte Mai bis Ende Juni sammeln. Außerhalb der Saison verwende ich frische Kräuter wie Pimpinelle, Minze oder auch Melisse zum Verfeinern dieses Salates.* «

Kohlrabi-Salat
—— *mit Radieschen & Kresse*

Den Kohlrabi putzen und schälen, zuerst in Scheiben und dann in feine Stifte schneiden. In eine Schüssel geben. Die Radieschen vom Blattgrün befreien und gründlich waschen. Strünke und Wurzeln entfernen, die Radieschen in feine Scheiben schneiden. Zu den Kohlrabi-Streifen geben.

Für das Dressing in einer kleinen Schüssel das Olivenöl mit Mandelmus, Rauchsalz und 2 Spritzern Zitronensaft mit einem Schneebesen zu einer homogenen Sauce verrühren. Den Sesam unterrühren.

Das Dressing über die Kohlrabi-Streifen und Radieschen-Scheiben geben und alles gut miteinander vermengen. Den Salat auf Tellern anrichten und mit Kresse garnieren.

Für 2 Portionen
- 500 g Kohlrabi
- 1 Bund Radieschen
- 4 EL Olivenöl
- 1 EL Mandelmus
- ½ TL Rauchsalz
- etwas Zitronensaft
- 2 EL Sesam
- 1 Schälchen Kresse

Zeitbedarf
- 15 Minuten

» *Kohlrabi enthält viel Vitamin C und B, Magnesium und Folsäure. Auch die Blätter, die sogar mehr Vitamine als die Knolle enthalten, kann man verwenden: fein geschnitten über Salat, Suppen oder Gemüse streuen oder kurz, wie Spinat, dünsten.* «

Radieschen
—— *süßsauer eingelegt*

Für 1 Glas (500 ml)
- 300 g Radieschen
- ½ Bio-Zitrone
- 4 Knoblauchzehen
- 150 ml Wasser
- 100 ml weißer Balsamico-Essig
- 50 g Meersalz
- 50 g Zucker
- 1 EL bunte Pfefferkörner

Zeitbedarf
- 25 Minuten

Das Blattgrün entfernen, die Radieschen gründlich waschen. Strünke und Wurzeln entfernen und die Radieschen in feine Scheiben schneiden.

Die Zitrone heiß abspülen, trocknen und halbieren. Eine Hälfte in Scheiben und diese in kleine Viertel schneiden. Die Knoblauchzehen schälen und halbieren. Das Einmachglas heiß ausspülen und umgedreht auf einem Küchentuch abtropfen lassen.

In einem Topf das Wasser mit dem Balsamico-Essig erwärmen. Meersalz, Zucker und Pfefferkörner unterrühren. Radieschenscheiben, Zitronenviertel und Knoblauchhälften dazugeben und kurz aufkochen lassen.

Mit einem Schaumlöffel Radieschen, Zitrone und Knoblauch in das vorbereitete Glas geben. Den Sud nochmals aufkochen lassen und über die Radieschen gießen. Das Glas sofort verschließen und abkühlen lassen.

Die eingelegten Radieschen sind ideal für eine deftige Brotzeit oder als kleiner saurer Snack zwischendurch. Im Kühlschrank halten sie sich ca. 14 Tage.

VARIANTE: RADIESCHENBLÄTTER-PESTO
Die Blätter von 1 Bund Radieschen waschen, trocken schütteln, grob zerkleinern und im Mixer mit 100 ml Olivenöl, 2 EL gerösteten Walnüssen, 1 geschälten Knoblauchzehe und 1 TL Meersalz sämig mixen. Mit 1 Spritzer Zitronensaft abschmecken und in ein Schraubglas füllen. Mit 1 – 2 EL Olivenöl bedecken.

Spinat-Pesto
—— *mit Minze*

Die Spinatblätter gründlich waschen und verlesen, dicke Stiele entfernen. Die Blätter mit einer Salatschleuder oder einem Küchentuch trocknen.

Die Pinienkerne in einer beschichteten Pfanne ohne Fett anrösten. Zwischendurch umrühren und darauf achten, dass die Kerne nicht zu dunkel werden.

Den Spinat in ein hohes Rührgefäß geben, die gerösteten Pinienkerne, Olivenöl, Meersalz, Zitronensaft und Minze dazugeben. Mit dem Pürierstab fein pürieren. Das Pesto in ein Glas füllen, mit Olivenöl bedecken und verschließen. So hält es sich im Kühlschrank etwa 1 Woche.

VARIANTE: RAUKE-KNOBLAUCH-PESTO
200 g Rauke waschen, trocken schütteln, grob zerkleinern, dabei dicke Stiele abschneiden. In den Mixer füllen, 150 ml Olivenöl, 2 EL gehackte und geröstete Mandeln, 1 geschälte Knoblauchzehe und 1 TL Meersalz dazugeben. Sämig mixen, mit 1 Spritzer Zitronensaft abschmecken und in ein verschließbares Glas füllen. Mit 2 EL Olivenöl bedecken.

Für 1 Glas (200 ml)
- 200 g Blattspinat
- 2 EL Pinienkerne
- 100 ml Olivenöl
- 1 TL Meersalz
- 1 Spritzer Zitronensaft
- 10 Blätter Minze
- 2 EL Olivenöl

Zeitbedarf
- 15 Minuten

Bärlauchbrötchen
—— *mit Kresse-Dip*

Für 6 Brötchen
- 125 ml Hafermilch
- 100 g vegane Butter
- 1 TL Rohrohrzucker
- 1 Würfel Hefe
- 1 Bund Bärlauch
- 500 g Dinkelmehl
- 1 TL grobes Meersalz
- 30 g gehackte Walnüsse
- 1 EL Olivenöl

Für den Dip
- 150 g Cashewkerne
- 200 ml Hafermilch
- 1 TL Rauchsalz
- 1 Schälchen Kresse

Zubereitungszeit
- 60 Minuten
- 4 Stunden ruhen und einweichen

Für den Dip die Cashewkerne mit Wasser bedeckt mindestens 3 Stunden einweichen. Dann durch ein Sieb abgießen und gut abspülen. Die Kerne mit Hafermilch und Rauchsalz im Mixer fein pürieren. Die Kresse fein hacken und dazugeben. Den Dip bis zur Verwendung in den Kühlschrank stellen.

Für die Brötchen die Hafermilch mit Butter und Rohrohrzucker in einem kleinen Topf bei schwacher Hitze erwärmen, bis die Butter geschmolzen ist. Die Hefe zerbröckeln und unter Rühren in der lauwarmen Flüssigkeit auflösen.

Den Bärlauch waschen, trocknen und in Streifen schneiden. Die Hefemilch in eine Rührschüssel geben, das Dinkelmehl dazusieben, Meersalz, Bärlauch, gehackte Walnüsse und Olivenöl dazugeben. Zu einem glatten Teig verkneten und mindestens 1 Stunde an einem warmen Ort gehen lassen.

Den Backofen auf 200 °C (Umluft 180 °C) vorheizen. Den Teig noch einmal gründlich verkneten, in 6 gleiche Stücke teilen und zu Brötchen formen. Auf ein Backblech legen, mit einem scharfen Messer kreuzförmig einritzen und ca. 25–30 Minuten goldbraun backen. Die Brötchen mit dem Kresse-Dip servieren.

>> *Für mich ist Bärlauch eines der leckersten Dinge, die der Frühling zu bieten hat. Er lässt sich auch ganz einfach haltbar machen: Die Blätter in einem verschließbaren Glas in reichlich Olivenöl einlegen, kühl lagern und das ganze Jahr über Bärlauch genießen.* <<

One Pott Pasta
—— *mit Bärlauch & Kichererbsen*

Die Pasta in einen kleinen Topf geben und mit Gemüsebrühe und Soja-sahne aufgießen. Den Bärlauch waschen, trocknen und klein schneiden. Die Kichererbsen in ein Sieb geben, kalt abspülen und abtropfen lassen.

Den Bärlauch und die Kichererbsen zur Pasta in den Topf geben. Bei schwacher Hitze ca. 15–20 Minuten offen köcheln lassen. Erst gegen Ende der Garzeit umrühren. Sollte die Flüssigkeit zu schnell verkocht sein, etwas Gemüsebrühe nachgießen.

Die fertige Pasta mit der abgeriebenen Zitronenschale verfeinern und anrichten.

VARIANTE: ONE POTT PASTA MIT TOMATEN
Diese Pasta lässt sich beliebig variieren, im Sommer z. B. mit reifen To-maten: Die Pasta in den Topf geben und mit 300 ml Gemüsebrühe aufgie-ßen. 2 Fleischtomaten in kleine Stücke schneiden, mit 1 gehackten Knob-lauchzehe und 1 TL Meersalz dazugeben. 15–20 Minuten bei schwacher Hitze köcheln lassen, eventuell etwas Brühe nachgießen. Mit Basilikum-blättern bestreut servieren.

Für 2 Portionen
- 200 g Pasta nach Wahl
- 250 ml Gemüsebrühe
- 4 EL Sojasahne
- 1 Bund Bärlauch
- 1 Glas Kichererbsen
- Schale von ½ Bio-Zitrone

Zubereitungszeit
- 30 Minuten

Milch und Sahne
—— *aus Nüssen & Getreide*

Diese pflanzlichen Milch-Alternativen bereite ich, ganz einfach und kostengünstig, selbst zu. Einen Mixer, ein feinmaschiges Sieb oder feines Baumwolltuch, Nüsse oder Getreide – mehr benötigt man nicht. Sie sind im Kühlschrank 2 – 3 Tage haltbar.

HAFERMILCH
100 g feine Haferflocken, 500 ml kochendes Wasser, 500 ml kaltes Wasser, 1 Prise Salz

Die Haferflocken in den Mixer geben, mit dem kochenden Wasser übergießen und 15 Minuten quellen lassen. Das kalte Wasser und Salz dazugeben und fein mixen. Durch ein feinmaschiges Sieb oder Bauchwolltuch passieren und in eine Flasche füllen.
▸ Schmeckt pur oder auch als Kakao sehr gut.

HAFERSAHNE
100 g feine Haferflocken, 300 ml kochendes Wasser, 200 ml kaltes Wasser, 3 EL Rapsöl, 1 Prise Salz

Die Haferflocken in den Mixer geben, mit kochendem Wasser übergießen und 15 Minuten quellen lassen. Das kalte Wasser, Salz und Öl dazugeben und fein mixen. Durch ein feinmaschiges Sieb oder Bauchwolltuch geben.
▸ Ideal zum Binden von Saucen und Suppen.

KOKOSMILCH
150 g Kokosraspel, 1 l kochendes Wasser

Die Kokosraspel in einem hohen Topf mit dem kochenden Wasser übergießen, fein pürieren und 1 Stunde ruhen lassen. Dann durch ein feinmaschiges Sieb oder Baumwolltuch geben.
▸ Ideal für Currys. Schmeckt, am besten eiskalt, auch pur sehr gut.

MANDELMILCH
200 g Mandeln, 1 l eiskaltes Wasser, evtl. 1 EL Agavendicksaft

Die ungeschälten Mandeln über Nacht in Wasser, gut bedeckt, einweichen. Danach das Wasser abgießen und die Mandeln in einen Mixer geben. Mit dem eiskalten Wasser übergießen und nach Belieben mit Agavendicksaft süßen. Mindestens 1 Minute gründlich mixen. Die Flüssigkeit durch ein sehr feinmaschiges Sieb oder ein Baumwolltuch geben. Die festen Reste verwende ich zum Backen oder bereite daraus mit gehackten Datteln und Rosinen Energiebällchen zu.
▸ Die Mandelmilch pur genießen, für nussige Shakes oder für die Zubereitung von Pudding verwenden.

CASHEW-SAHNE
100 g Cashewkerne, 100 ml Raps- oder Sonnenblumenöl, 200 ml kaltes Wasser

Die Cashewkerne in einen Mixer geben, mit Öl und kaltem Wasser auffüllen. Mindestens 1 Minute gut mixen, bis eine sahnige Konsistenz entsteht. Die Cashew-Sahne muss nicht durch ein Sieb passiert werden, sondern kann gleich so verwendet werden.
▸ Besonders gut für Desserts, cremige Smoothies und Shakes sowie für Saucen geeignet.

Spinat-Wraps
—— *mit Linsen-Hummus*

Für 4 Wraps
- 300 g Dinkelmehl
- 2 TL Meersalz
- 100 g Blattspinat
- 100 ml Wasser
- 4 EL Olivenöl

Für den Hummus
- 100 g rote Linsen
- 2 EL Mandelmus
- Saft von ½ Zitrone
- 1 Knoblauchzehe
- 1 EL Olivenöl
- etwas Meersalz

Für den Belag
- 1 kleine Handvoll Zuckerschoten
- einige Radieschen
- ½ Bund Rauke

Zubereitungszeit
- 40 Minuten
- 30 Minuten ruhen

Für die Wraps das Dinkelmehl mit Meersalz vermengen. Den Spinat waschen, gut trocknen und sehr fein schneiden. Spinat, Wasser und Olivenöl zum Mehl geben und alles zu einem glatten Teig verkneten. Zugedeckt mindestens 30 Minuten ruhen lassen.

Für den Linsen-Hummus die roten Linsen nach Packungsangabe weich kochen. Dann durch ein Sieb abgießen und in den Mixer geben. Das Mandelmus, den Zitronensaft, die Knoblauchzehe und das Olivenöl dazugeben und alles sämig mixen. Mit etwas Meersalz abschmecken.

Die Zuckerschoten und die Radieschen waschen, putzen und klein schneiden. Die Rauke verlesen, waschen und trocken schütteln.

Den Teig in 4 gleich große Stücke teilen und jeweils auf einer gut bemehlten Fläche dünn und rund ausrollen. Die Wraps in einer Pfanne ohne Fett bei mittlerer Hitze von beiden Seiten goldbraun backen.

Die Wraps mit Linsen-Hummus bestreichen, mit Zuckerschoten, Radieschen und Rauke belegen und aufrollen.

Spargel vom Grill
—— *mit Mandel-Dip*

Für den Dip die Mandeln über Nacht (mindestens 12 Stunden) in Wasser einweichen. Bei ungeschälten Mandeln lässt sich die Schale danach problemlos entfernen.

Die Knoblauchzehe schälen und grob hacken. Mandeln mit Knoblauch, 80 ml Wasser, Tahin und Zitronensaft in den Mixer geben und mindestens 2 – 3 Minuten sämig mixen. Den Dip in eine Schale füllen und mit etwas Meersalz und Pfeffer aus der Mühle und mit der abgeriebenen Zitronenschale abschmecken.

Den Spargel waschen, eventuell im unteren Drittel schälen und die holzigen Enden abschneiden. Den Spargel in eine Grillschale oder auf einige Lagen Alufolie legen. Das Olivenöl darüberträufeln.

Die Zitrone heiß abwaschen, trocknen und die Schale fein über die Spargelstangen reiben. Mit grobem Meersalz würzen.

Die Schale auf den heißen Grill stellen und den Spargel ca. 15 – 20 Minuten grillen. Erst zum Schluss mit schwarzem Sesam bestreuen. Mit dem Mandel-Dip und frischem Brot servieren.

Für 2 Portionen
- 500 g grüner Spargel
- 2 EL Olivenöl
- 1 Bio-Zitrone
- 1 TL grobes Meersalz
- 4 EL schwarzer Sesam

Für den Dip
- 100 g geschälte oder ungeschälte Mandeln
- 1 Knoblauchzehe
- 1 EL Tahin (Sesammus)
- 80 ml Wasser
- Saft von ½ Zitrone
- Meersalz
- Pfeffer aus der Mühle
- etwas abger. Bio-Zitronenschale

Zeitbedarf
- 30 Minuten
- 12 Stunden einweichen

Spargel-Süppchen
—— *mit Safran & Kernen*

Für 2 Portionen
- 500 g weißer Spargel
- 250 ml Gemüsebrühe
- 0,1 g Safranfäden
- 250 ml Hafersahne
- 1 – 2 EL Olivenöl
- Meersalz
- Pfeffer aus der Mühle
- 30 g gemischte Kerne
  (z. B. Kürbis-, Pinien-,
  Sonnenblumenkerne)

Zubereitungszeit
- 35 Minuten

Den Spargel schälen und die Enden abschneiden. Die Stangen in kleine Stücke schneiden, die Spargelspitzen zur Seite stellen.

Die Gemüsebrühe in einem Topf zum Kochen bringen, die Spargelstücke dazugeben und zugedeckt in ca. 15 Minuten weich garen.

Die Safranfäden in einer kleinen Schale in 2 EL handwarmem Wasser ca. 15 Minuten einweichen.

Den Topf vom Herd nehmen, die Suppe in ein hohes Rührgefäß geben, die Hafersahne dazugießen und mit dem Pürierstab zu einer cremigen Suppe pürieren.

In einer Pfanne das Olivenöl erhitzen, die Spargelspitzen kurz darin anbraten und mit etwas Meersalz und Pfeffer aus der Mühle abschmecken.

Die Suppe zurück in den Topf geben und noch einmal kurz erwärmen. Mit etwas Meersalz abschmecken und den eingeweichten Safran unterrühren. Die Suppe anrichten, mit den gebratenen Spargelspitzen und den Kernen garnieren.

BLÄTTERTEIG-TARTE
—— *mit Frühlingsgemüse*

Die Cashewkerne in einer Schüssel, mit Wasser bedeckt, mindestens 3 Stunden einweichen. Dann durch ein Sieb abgießen und unter fließendem Wasser abspülen. Mit Olivenöl und Wasser im Mixer cremig pürieren. Mit Rauchsalz abschmecken.

Den Backofen auf 200 °C (Umluft 180 °C) vorheizen. Ein Blech mit Backpapier auslegen. Das Gemüse waschen, putzen, eventuell schälen und in Stücke schneiden.

Den Blätterteig auf das Blech legen und längs halbieren. Die Hälften jeweils einmal zusammenklappen und einen Rand formen. Die Cashewcreme auf den Teigstücken verteilen und mit dem Gemüse belegen.

Die Tartes ca. 25–30 Minuten im Ofen goldbraun backen. Vor dem Servieren mit etwas Meersalz und Pfeffer aus der Mühle würzen und das Leinöl darüberträufeln.

VARIANTE: KÜRBIS-TARTE
Bei der Zubereitung kann man das Gemüse je nach Saison variieren. Im Herbst z. B. 200 g Kürbis (z. B. Hokkaido) in dünne Spalten schneiden und auf die Cashewcreme legen. Mit 1 klein gehackten Knoblauchzehe und etwas Meersalz und Pfeffer aus der Mühle würzen.

Für 2 Portionen
- 100 g Cashewkerne
- 2 EL Olivenöl
- 4 EL Wasser
- 1 TL Rauchsalz
- 200 g Gemüse (z. B. Radieschen, Möhren, Frühlingszwiebeln, Spargel)
- 1 Packung veganer Blätterteig
- grobes Meersalz
- Pfeffer aus der Mühle
- 2 EL Leinöl

Zeitbedarf
- 45 Minuten
- 3 Stunden einweichen

Rhabarber-Sirup
—— *die pinke Versuchung*

Für ca. 500 ml Sirup
- 500 g Rhabarber (z. B. Himbeer-Rhabarber)
- ½ Bio Zitrone
- Mark von 1 Vanilleschote
- 500 ml Wasser
- 500 g Rohrohrzucker

Zubereitungszeit
- 60 Minuten

Den Rhabarber waschen und schälen. Die Stangen in kleine Stücke schneiden. Die Zitrone in Scheiben schneiden.

Die Rhabarberstücke und die Zitronenscheiben mit dem ausgekratzten Mark der Vanilleschote in einen Topf geben. Mit Wasser auffüllen und den Rohrohrzucker zugeben. Unter Rühren zum Kochen bringen und ca. 30 – 40 Minuten bei schwacher Hitze einköcheln lassen.

Den Saft durch ein Sieb in einen zweiten Topf gießen, dabei das Rhabarbermus im Sieb gut mit einer Kelle ausdrücken. Den Sirup nochmals 10 Minuten köcheln lassen. Dann in heiß ausgekochte Flaschen oder Gläser füllen und verschließen.

» Der Sirup hält sich verschlossen einige Monate. Einmal geöffnet kann man ihn einige Wochen im Kühlschrank aufbewahren. Er schmeckt mit Mineralwasser als Limonade oder gibt Sekt & Co. eine fruchtige Note. Ich serviere ihn auch zu Vanillepudding oder verwende ihn, um Obstsalat zu süßen. «

Pancakes
—— *mit Rhabarber-Kompott*

Die Mandelmilch mit Rohrohrzucker, Zimt und Meersalz in eine Rühr-schüssel geben und mit einem Schneebesen gut verrühren. Das Mehl mit dem Weinsteinpulver mischen, dazusieben und alle Zutaten klümpchen-frei verrühren.

Für das Kompott den Rhabarber waschen, schälen und in kleine Stücke schneiden. In einen kleinen Topf geben, mit dem Apfelsaft übergießen und aufkochen lassen. Den Rohrohrzucker und das ausgekratzte Vanillemark unterrühren. Ca. 5 Minuten bei schwacher Hitze köcheln lassen, dabei ab und zu umrühren.

In einer Pfanne etwas Sonnenblumenöl erhitzen. Je eine kleine Schöpf-kelle Teig in die Pfanne geben und von beiden Seiten goldbraun aus-backen. Die Pancakes mit dem Rhabarber-Kompott servieren.

VARIANTE: RHABARBER-CRUMBLE
Den Ofen auf 180 °C (Umluft 160 °C) vorheizen. 500 g Rhabarber schälen und in kleine Stücke schneiden. Mit 4 EL Rohrohrzucker vermengen und in eine Auflaufform geben. In einer kleinen Schüssel 150 g Dinkelmehl, 120 g kalte vegane Butter, 1 EL Rohrohrzucker, 1 Prise Meersalz und ab-geriebene Schale von 1 Bio-Zitrone zu Streuseln verkneten. Über dem Rhabarber verteilen und im Ofen ca. 20–25 Minuten backen. Den Crumble lauwarm servieren.

Für 5–6 Pancakes
- 200 ml Mandelmilch
- 2 EL Rohrohrzucker
- ½ TL Zimt
- 1 Prise Meersalz
- 150 g Dinkelmehl (Typ 630)
- 1 TL Weinsteinpulver
- Sonnenblumenöl zum Ausbacken

Für das Kompott
- 2 Stangen Rhabarber
- 50 ml Apfelsaft
- 1 EL Rohrohrzucker
- Mark von ½ Vanille-schote

Zubereitungszeit
- 30 Minuten

Erdbeeren
—— *unter der Knusperhaube*

**Für 1 Auflaufform
(ca. 30 x 20 cm)**
- 1 kg Erdbeeren
- 2 EL Rohrohrzucker
- 2 EL vegane Butter
- 50 g gepoppter Amaranth
- 50 g Haferflocken
- 100 g gehackte Walnüsse
- 2 EL Apfelsüße oder Zuckerrübensirup
- 1 TL Zimt

Zubereitungszeit
- 35 Minuten

Den Backofen auf 200 °C (Umluft 180 °C) vorheizen. Die Erdbeeren waschen, putzen und je nach Größe halbieren oder vierteln. In die Auflaufform geben und mit Rohrohrzucker bestreuen.

In einer Pfanne die vegane Butter erhitzen, Amaranth, Haferflocken und gehackte Walnüsse kurz darin anrösten. Apfelsüße oder Zuckerrübensirup und Zimt dazugeben, unter Rühren schmelzen lassen und alles gut miteinander vermengen. Die Pfanne vom Herd nehmen und die Knuspermasse über die Erdbeeren geben.

Den Auflauf ca. 15 Minuten im vorgeheizten Ofen backen, bis die Knusperschicht leicht gebräunt ist. Lauwarm oder auch kalt servieren. Dazu schmeckt eine Kugel (Soja-)Vanilleeis sehr gut.

VARIANTE: MIT ÄPFELN & BIRNEN

Dieser Auflauf ist mein Allrounder, der sich schnell und mit vielen saisonalen Früchten zubereiten lässt. Zum Beispiel 500 g Äpfel und 500 g Birnen entkernen und klein schneiden, mit 100 g Rosinen in die Auflaufform geben. 2 EL Rohrohrzucker mit 1 TL Zimt mischen und darüberstreuen, mit 4 EL Rum beträufeln. Mit der Knusperhaube (siehe oben) bedecken und 15 Minuten backen.

Erdbeercreme
—— *mein Lieblingsdessert*

Die Erdbeeren waschen, putzen und halbieren. Die Früchte in einen hohen Rührbecher geben, mit Rohrohrzucker und dem ausgekratzten Mark der Vanilleschote vermengen.

Den Seidentofu durch ein feinmaschiges Sieb oder ein dünnes Baumwolltuch geben und die Flüssigkeit abtropfen lassen. Dann zu den Erdbeeren geben und mit einem Pürierstab zu einer glatten Creme pürieren.

Die Erdbeercreme in Dessertschälchen oder Gläser füllen und für mindestens 1 Stunde in den Kühlschrank stellen. Mit Erdbeerscheiben garnieren und servieren.

VARIANTE: APFEL-ZIMT-CREME
200 g Seidentofu in einem feinmaschigen Sieb oder Baumwolltuch abtropfen lassen. Dann mit 250 g Apfelmus, 1 EL Rohrohrzucker und ½ TL Zimt mit dem Pürierstab zu einer glatten Creme pürieren.

Für 2 Portionen
- 250 g Erdbeeren
- 1 EL Rohrohrzucker
- Mark von ½ Vanilleschote
- 200 g Seidentofu
- 1 – 2 Erdbeeren zum Garnieren

ZUBEREITUNGSZEIT
- 20 Minuten
- 1 Stunde kühlen

Sommer

—— Opulente Fülle

» Jetzt ist die Vielfalt in meiner Biokiste am allergrößten: zarte Zucchini, sonnengereifte Tomaten, grüne Bohnen, knackige Salate, süße Beeren und Früchte ... «

Frühstücks-Bowl
—— mit Himbeeren & Granola

Für 2 Portionen
- 100 g Himbeeren
  (oder andere Früchte
  der Saison)
- 400 g Pflanzenjoghurt
  (Soja oder Kokos)
- Himbeeren zum
  Garnieren
- 6 EL Granola
- 4 EL Leinsamen

**Für das Granola
(ca. 600 g)**
- 100 g Haferflocken
- 100 g gepuffter
  Amaranth
- 50 g Buchweizen
- 50 g Leinsamen
- 50 g gehackte
  Walnüsse
- 1 TL Zimt
- 150 ml Agavendicksaft
- 100 ml Sonnen-
  blumenöl

Zeitbedarf
- 35 Minuten

Den Backofen auf 200 °C (Umluft 180 °C) vorheizen. Für das Granola Haferflocken, Amaranth, Buchweizen, Leinsamen, Walnüsse und Zimt in eine große Rührschüssel geben. Den Agavendicksaft und das Sonnenblumenöl dazugeben und alle Zutaten gut miteinander vermengen.

Ein Blech mit Backpapier auslegen und die Granola-Masse dünn darauf verteilen. Ca. 15 Minuten im vorgeheizten Ofen backen, bis sie schön braun ist. Zwischendurch wenden.

Das Backblech aus dem Ofen nehmen und das Granola auskühlen lassen. Dann ein wenig auflockern und in ein großes Glas füllen.

Die Himbeeren vorsichtig waschen und mit dem Pflanzenjoghurt vermischen. In 2 Schüsseln füllen und mit Himbeeren, Granola und Leinsamen garnieren.

≫ Ich verfeinere das fertige Granola auch gerne noch mit klein gehackter Zartbitterschokolade und mit Rosinen oder anderen getrockneten Früchten. ≪

Zucchini-Aufstrich
—— *mit Hirse und Curry*

Die Hirse in einem kleinen Topf nach Packungsanleitung garen. Die Zucchini waschen und in kleine Würfel schneiden. Die Schalotte schälen und fein hacken.

Das Olivenöl in einer Pfanne erhitzen und die gehackte Schalotte darin anschwitzen. Die Zucchiniwürfel dazugeben und ebenfalls andünsten. Mit Wasser ablöschen und 10 Minuten bei schwacher Hitze weich garen, zwischendurch umrühren.

Die Zucchini in einen hohen Rührbecher geben, Cashewkerne, Currypulver und Kurkuma dazugeben und mit dem Pürierstab fein pürieren. Die gegarte Hirse unterheben und mit Meersalz abschmecken.

Der Aufstrich hält sich im Kühlschrank ca. 3 – 4 Tage. Er schmeckt als Brotaufstrich, aber auch zu Grillgemüse.

VARIANTE: KÜRBIS-HIRSE-AUFSTRICH
50 g Hirse garen. 300 g Kürbis (z. B. Hokkaido) waschen, eventuell schälen und in kleine Würfel schneiden. In etwas Wasser ca. 10 – 15 Minuten weich kochen, dann das Wasser abgießen. 1 kleine gehackte Schalotte in 1 EL Olivenöl anschwitzen. Kürbis, Schalottenwürfel und 50 g Cashewkerne fein pürieren. Die Hirse unterrühren, mit Meersalz und Pfeffer abschmecken.

Für 2 Gläser à 200 ml
- 50 g Hirse
- 300 g Zucchini
- 1 kleine Schalotte
- 1 EL Olivenöl
- 2 EL Wasser
- 50 g Cashewkerne
- 1 TL süßes Currypulver
- ¼ TL Kurkuma
- Meersalz

Zeitbedarf
- 35 Minuten

Sandwich
—— *mit Kräuterseitlingen*

Für 2 Portionen
- 400 g Kräuterseitlinge
- 4 EL Olivenöl
- 2 Tomaten
- ein Stück Salatgurke
- 4 Salatblätter
- 2 Baguettebrötchen
- 4 EL Ketchup
- grobes Meersalz
- Pfeffer aus der Mühle

Zeitbedarf
- 60 Minuten

Den Backofen auf 200 °C (Umluft 180 °C) vorheizen. Die Kräuterseitlinge mit einem Tuch säubern und in eine kleine Auflaufform legen. Mit 1 EL Olivenöl beträufeln und ca. 40 Minuten im Ofen garen, bis sie weich sind.

Die Tomaten und die Salatgurke waschen und in dünne Scheiben schneiden. Die Salatblätter waschen und trocknen. Die Brötchen aufschneiden und mit Ketchup bestreichen. Die Salatblätter und die Tomaten- und Gurkenscheiben auf den Brötchenhälften verteilen.

Die gegarten Pilze aus dem Ofen nehmen und in der Form mit zwei Gabeln, entlang der Fasern, auseinanderzupfen.

In einer Pfanne 3 EL Olivenöl erhitzen. Die Pilzstreifen darin knusprig ausbraten und mit etwas grobem Meersalz und Pfeffer aus der Mühle würzen. Die gebratenen Pilze auf den Baguettebrötchen verteilen.

» *Kräuterseitlinge erinnern geschmacklich an den Steinpilz, sind aber preiswerter und als Zuchtpilze das ganze Jahr über erhältlich. Nicht nur wegen ihres feinen Geschmacks, sondern auch durch ihren hohen Proteingehalt sind sie in der veganen Küche sehr beliebt.* «

Dinkelsalat
—— *mit Aprikosen*

Die Dinkelkörner in einem Sieb unter kaltem Wasser abspülen und in einen Topf geben. Mit Wasser bedeckt aufkochen lassen und in ca. 25 Minuten weich garen. Die Körner durch ein Sieb abgießen und zur Seite stellen. Den Backofen auf 200 °C plus Grillfunktion vorheizen.

Die Aprikosen waschen, entkernen und vierteln, in eine Auflaufform geben und mit dem Agavendicksaft beträufeln. Die Form auf dem Rost in den oberen Teil des Backofens schieben und die Aprikosen in ca. 10 Minuten goldbraun grillen.

Den abgekühlten Dinkel in eine Schüssel geben und mit Olivenöl, Meersalz und Kreuzkümmel vermengen.

Den Koriander waschen, trocken schütteln, klein schneiden und unter den Salat heben. Die warmen Aprikosen auf den Salat legen und servieren.

VARIANTE: DINKEL-APRIKOSEN-MÜSLI

200 g Dinkelkörner über Nacht in etwas Wasser einweichen. Dann mit ½ TL Zimt vermischen und in einer Pfanne mit 2 EL Sesamöl anrösten. 2 TL Agavendicksaft unterrühren und bei schwacher Hitze warm halten. 6 Aprikosen halbieren, entkernen, in kleine Würfel schneiden und über den warmen Dinkel geben.
Nur kurz angeröstet sind die Dinkelkörner sehr knackig. Wer sie weicher möchte, kocht sie nach dem Einweichen noch ca. 20 Minuten.

Für 2 Portionen
- 300 g unbehandelte Dinkelkörner
- 8 reife Aprikosen
- 1 TL Agavendicksaft
- 2 EL Olivenöl
- 1 TL grobes Meersalz
- 1 TL gem. Kreuzkümmel
- 1 Bund Koriander

Zeitbedarf
- 45 Minuten

Obst & Gemüse
—— *heimisches Superfood*

Die sogenannten „Superfoods", die seit einiger Zeit aus den entferntesten Ecken der Welt zu uns kommen, sind zu einem viel und heiß diskutierten Thema geworden. Ob Chia-Samen, Acai- und Goji-Beeren, Moringa etc. – die Medien vermitteln uns, dass wir ohne diese Alleskönner, denen werbewirksam wahre Wunderwirkungen zugesprochen werden, gar nicht mehr gesund leben können. Selbst in den Supermarktregalen findet man sie, getrocknet als Pulver oder Extrakt, eingeschweißt in Plastik und zu einem stolzen Preis.

Ein Löffel davon ins Müsli gerührt oder unter den Smoothie gemixt soll fit, jung und schön machen, Bluthochdruck senken, Krebs bekämpfen und vieles andere mehr. Seriöse Beweise für diese wundersamen Heilsversprechen fehlen allerdings meist.

Doch brauchen wir für eine gesunde Ernährung überhaupt diese exotischen Superfoods, haltbar gemacht in Form von getrocknetem Pulver oder häufig auch als Zusatz in anderen, stark verarbeiteten Produkten? Sollten es nicht lieber frische, nachhaltige, regionale Lebensmittel sein? Denn selbst wenn diese Superfoods in Südamerika, Indien oder anderswo biologisch und fair angebaut wurden, so sind sie ökologisch betrachtet doch eine Katastrophe, weil sie durch die langen Transportwege eine ganz schlechte CO_2-Bilanz aufweisen.

DIE WAHREN SUPERFOODS

Wer regelmäßig frisches Obst und Gemüse, Saaten und Kerne, idealerweise aus der Region, einkauft und zubereitet, der ernährt sich schon super. Auf regionale, saisonale Produkte zurückzugreifen, ist nicht schwer. Sie sind auf dem Markt, beim Gemüsehändler oder in der Biokiste für jeden verfügbar und versorgen uns mit allen Vitaminen und Mineralstoffen, die wir für eine gesunde und ausgewogene Ernährung brauchen. Besinnen wir uns also wieder auf unsere regionalen Superfoods. Meine Lieblingssorten habe ich hier kurz zusammengestellt.

ÄPFEL

„An apple a day keeps the doctor away." Auch wenn der Spruch natürlich nicht ganz ernst zu nehmen ist, so ist doch was dran. Denn Äpfel sind reich an Vitamin A, B und C. Und sie enthalten den Ballaststoff Pektin, der als Verdickungsmittel nicht nur beim Einkochen von Marmelade eine wichtige Rolle spielt, sondern auch verdauungsfördernd und entgiftend wirkt, die Funktion der Leber unterstützt, die Bauchspeicheldrüse anregt und dabei helfen kann, einen erhöhten Cholesterinspiegel zu senken.

BÄRLAUCH

Auch als „wilder Knoblauch" bekannt, findet man die würzigen Blätter zwischen Anfang März und Ende April in feuchten Mischwaldgebieten, aber auch auf Märkten oder im Supermarkt. Den ätherischen Ölen von Bärlauch wird eine entgiftende Wirkung nachgesagt. Wie sein Verwandter, der Knoblauch, gilt er als natürliches Antibiotikum und soll Blutgefäße vor Verkalkung schützen.

BLAUBEEREN

Die kleinen blauen Beeren, auch Heidelbeeren genannt, sind, im Juli und August am besten im Wald gepflückt, wahre Kraftpakete. Durch ihren besonders hohen Gehalt an Anthocyanen (Pflanzenfarbstoffen) haben sie antioxidative, entzündungshemmende und gefäßschützende Wirkung. Dank wertvoller Pektine und viel Vitamin C sorgen sie für schöne Haut und sollen sogar vor frühzeitiger Hautalterung schützen.

BROKKOLI

Der grüne Verwandte des Blumenkohls ist reich an Vitaminen, Ballaststoffen, Mineralstoffen und Spurenelementen. Er enthält besonders viel Vitamin C, Kalzium, Folsäure und Ballaststoffe, was gut für die Verdauung und auch für starke Knochen ist.

FENCHEL

Dass Fenchelsamen, als Tee zubereitet, gegen Bauchschmerzen helfen, das ist vielen von uns schon seit Kindheitstagen bekannt. Doch auch die Knolle wirkt mit ihrem hohen Anteil an ätherischen Ölen entzündungshemmend und unterstützt die Verdauung. Außerdem enthält sie reichlich Kalium, Kalzium, Eisen und Beta-Carotin. Um all die guten Nährstoffe zu erhalten, sollte man Fenchel möglichst roh verarbeiten.

GRÜNKOHL

Er ist ein wahres Kraftpaket und zählt mit 105–150 mg Vitamin C pro 100 g zu den vitaminreichsten Lebensmitteln überhaupt. Neben Vitamin A, C und B-Vitaminen enthält er reichlich Folsäure, Kalium, Kalzium, Magnesium, Eisen und Proteine. Zudem liefert er eine Fülle an sekundären Pflanzenstoffen, Antioxidantien und Proteinen. Besonders zart und bekömmlich schmeckt er nach dem ersten Frost.

KÜRBIS

Das klassische Herbstgemüse zählt zur Gattung der Riesenbeeren. Kürbis ist für unseren Körper sehr bekömmlich und magenschonend. Er enthält neben Vitamin C, Beta-Carotin, Kalium und vielen Ballaststoffen auch Kieselsäure, die unser Bindegewebe, die Haut und die Nägel gesund hält.

MANGOLD

Das Blattgemüse mit den bunten Stielen ist nicht nur optisch, sondern auch geschmacklich ein Genuss. Mangold enthält reichlich Mineralstoffe, Kalium, Kalzium, Magnesium, Eisen und die Vitamine A, E und K. Wer zu Nierensteinen neigt, sollte ihn allerdings nur in Maßen genießen, da er außerdem reich an Oxalsäure ist.

MÖHREN

Ob orange oder wie die mittlerweile wieder neu entdeckten alten Sorten in Weiß, Violett oder Gelb: Möhren, die es ganzjährig zu kaufen gibt, sind ein wahres Powergemüse. Sie sind reich an Vitaminen und Mineralstoffen, enthalten viele Ballaststoffe (gut für die Verdauung), Kalzium, Kalium, Magnesium und Eisen, Vitamine der B-Gruppe, D, E und Vitamin K, das die Blutgerinnung steuert. Sie überzeugen vor allem mit ihrem hohen Gehalt an Beta-Carotin, das im Körper in Vitamin A umgewandelt wird und wichtig für die Sehkraft und auch für das Knochenwachstum ist. Beta-Carotin ist fettlöslich und kann deshalb am besten in Verbindung mit etwas Öl aufgenommen und verwertet werden. Wichtig ist dabei auch, die Möhren gut zu zerkleinern und gründlich zu kauen.

RHABARBER

Er wird botanisch dem Gemüse zugerechnet, aber meist wie Obst zubereitet. Vollgepackt mit viel Vitamin C und Kalium hat Rhabarber die Eigenschaft, den Körper zu entwässern und den Blutdruck stabil zu halten. Je grüner die Rhabarberstangen sind, desto saurer schmecken sie, für die süße Küche eignen sich daher die kräftig roten Stangen besser.

ROSENKOHL

Nicht wie früher „zu Tode gekocht", sondern nur kurz gegart, schmecken die nussig-süßlichen kleinen Röschen in Suppen, Salaten und Currys. Der Minikohl enthält viel Vitamin C und Folsäure – wichtig für unser Immunsystem, für Zellteilung und Blutbildung – sowie B-Vitamine, Eisen, Kalium und Ballaststoffe.

ROTE BETE

Nicht jeder mag den erdigen Geschmack der roten Knollen, aber sie gehören zu unseren gesündesten Gemüsesorten und enthalten eine geballte Ladung an Mineralstoffen, Vitamin C und B-Vitaminen, Kalium und Kalzium. Außerdem Eisen und Folsäure, die für die Blutbildung wichtig sind. Ihr roter Pflanzenfarbstoff Betanin kann stimmungsaufhellend wirken, da er den Spiegel des Glückshormons Serotonin erhöht. Am gesündesten ist die Rote Bete roh geraspelt, dann enthält sie auch noch alle hitzeempfindlichen Vitamine, wie z. B. Vitamin C, und schmeckt so auch milder.

SAUERAMPFER

Die jungen grünen Blätter kann man im Frühsommer auf nährstoffreichen Wiesen pflücken und mittlerweile auch beim Gemüsehändler erwerben. Sauerampfer enthält viel Vitamin C, Gerbstoffe (sie helfen z. B. bei Entzündungen) und Eisen. Mit seinem frischen säuerlichen Geschmack gibt er Salaten, Suppen und vielen anderen Gerichten die besondere Würze.

SPROSSEN

Aus den verschiedensten Samen (z. B. Kresse, Radieschen, Brokkoli, rote Bete etc.) lassen sie sich ganz einfach und kostengünstig zu Hause auf dem Fensterbrett in Sprossengläsern oder -schalen ziehen und für Salate, Suppen, Gemüse- und Pasta-Gerichte verwenden. Sprossen sind reich an Proteinen, Vitaminen und Antioxidantien.

TOMATEN

Die Frucht eines Nachtschattengewächses regt durch ihre Farbe nicht nur optisch unsere Sinne an, sondern gilt auch als Stimmungsaufheller an trüben Tagen. Mit wenig Kalorien, aber hohem Nährstoffgehalt sind Tomaten der perfekte Snack für zwischendurch. Der rote Farbstoff, das Lycopin, ein sogenannter sekundärer Pflanzenstoff, soll vor Arteriosklerose, Herzinfarkt und Trombose schützen. Besonders gut kann der Körper ihn aufnehmen, wenn die Tomaten schonend gegart werden.

Brotsalat
—— *mit Tomaten*

Für 2 Portionen
- 150 g Weißbrot vom Vortag
- 3 – 4 EL Olivenöl
- 1 Zweig Rosmarin
- 200 g bunte Tomaten
- ½ Bund Rauke
- grobes Meersalz
- 1 EL dunkler Balsamico-Essig

Zeitbedarf
- 20 Minuten

Das Weißbrot in Scheiben und dann in Würfel schneiden. 2 EL Olivenöl in einer Pfanne erhitzen und die Weißbrotwürfel darin knusprig braten. Rosmarin waschen, trocken schütteln, die Nadeln abzupfen und dazugeben, gut miteinander vermengen.

Die Tomaten waschen, je nach Größe halbieren oder vierteln und in eine Schüssel geben. Die Rauke waschen, trocken schütteln, klein schneiden und unter die Tomaten heben. Mit etwas grobem Meersalz, 1 – 2 EL Olivenöl und Balsamico abschmecken.

Die Rosmarin-Croûtons erst kurz vor dem Anrichten unter den Tomaten-Rauke-Salat mischen.

VARIANTE: MIT KÜRBIS UND RADICCHIO
150 g Weißbrot vom Vortag in 2 EL Olivenöl zu knusprigen Croûtons braten. 200 g Hokkaido waschen und in kleine Würfel schneiden. In einer Pfanne in 1 EL Olivenöl anbraten. 100 g Radicchio waschen und in feine Streifen schneiden, mit den gebratenen Kürbiswürfeln vermengen. Mit etwas Meersalz und Pfeffer abschmecken und die Croûtons unterheben.

Kartoffelsalat
—— *mit Sauerampfer und Erdbeeren*

Die Kartoffeln gründlich waschen und in reichlich Wasser in ca. 30 Minuten gar kochen. Abgießen und etwas abkühlen lassen.

Die Schalotte schälen und in feine Würfel schneiden. In einer kleinen Schale mit Limettensaft und Olivenöl zu einem Dressing verrühren.

Die lauwarmen Kartoffeln schälen und in nicht zu dünne Scheiben schneiden. In eine große Schüssel geben. Den Sauerampfer waschen, trocken schütteln, in feine Streifen schneiden und zu den Kartoffeln geben.

Die Avocado halbieren, den Kern entfernen und das Fruchtfleisch mit einem Löffel aus der Schale heben. In kleine Würfel schneiden und ebenfalls zu den Kartoffeln geben. Alle Zutaten mit dem Dressing vermengen. Mit etwas Meersalz und Pfeffer aus der Mühle abschmecken.

Die Erdbeeren waschen und putzen. In Scheiben schneiden und den Kartoffelsalat damit garnieren.

Für 2 Portionen
- 300 g mittelgroße festkochende Kartoffeln
- 1 kleine Schalotte
- Saft von ½ Limette
- 2 EL Olivenöl
- 1 kleine Handvoll Sauerampfer
- 1 kleine reife Avocado
- grobes Meersalz
- Pfeffer aus der Mühle
- 100 g Erdbeeren

Zeitbedarf
- 60 Minuten

Grüner Bohneneintopf
—— einfach wie früher

Für 3 – 4 Portionen

- 500 g grüne Bohnen
- 300 g Möhren
- 300 g Kartoffeln
- 1 Bund Bohnenkraut
- 1 l Gemüsebrühe
- 2 EL Mehl
- 50 ml Wasser
- ½ Bund Petersilie
- Meersalz
- Pfeffer aus der Mühle
- 1 EL Essig

Zeitbedarf

- ca. 50 Minuten

Die grünen Bohnen waschen und putzen. Schräg in kleine Stücke schneiden. Die Möhren und Kartoffeln schälen, waschen und in dünne Scheiben bzw. kleine Würfel schneiden. Das Bohnenkraut waschen und die Blätter von den Stängeln zupfen.

Bohnen, Möhren, Kartoffeln und Bohnenkraut in einen Topf geben, mit der Gemüsebrühe aufgießen und aufkochen lassen. Ca. 30 Minuten köcheln lassen, bis das Gemüse gar, aber noch leicht bissfest ist.

In einer Tasse das Mehl mit dem Wasser gut verrühren. In den Topf gießen und unterrühren. Noch einmal kurz aufkochen lassen, bis der Eintopf leicht andickt.

Die Petersilie waschen, fein hacken und unter das Gemüse rühren. Mit Meersalz, Pfeffer aus der Mühle und Essig abschmecken.

>> *Diesen Eintopf hat mein Opa in meiner Kindheit sehr oft gekocht und ich liebe ihn heute noch. Am besten schmeckt er am zweiten Tag, wenn er schön durchgezogen ist und seine Aromen perfekt entfaltet. Manchmal gebe ich noch etwas angebratenen Räuchertofu dazu, das macht ihn noch mal etwas deftiger.* <<

Zucchini-Pizza
—— *für laue Sommerabende*

Die Hefe in einer Rührschüssel zerbröckeln, den Rohrohrzucker dazugeben und mit lauwarmem Wasser verrühren. Das Mehl darübersieben, 1 EL Olivenöl und 1 EL Meersalz dazugeben und zu einem glatten Teig verkneten. Zugedeckt an einem warmen Ort ca. 1 Stunde gehen lassen.

Die Zucchini waschen und in dünne Scheiben schneiden. Knoblauch und Zwiebel schälen, klein hacken und zusammen mit den Zucchinischeiben in eine Schüssel geben. Mit 2 EL Olivenöl und 1 TL Meersalz vermischen und 30 Minuten ziehen lassen.

Den Backofen auf 200 °C (Umluft 180 °C) vorheizen. Den Teig halbieren und noch einmal kurz durchkneten. Auf einer bemehlten Arbeitsfläche zu 2 runden Pizzen ausrollen und auf 2 Backbleche legen.

Die Pizzaböden mit Tomatenpüree bestreichen und mit den Zucchini belegen. Nacheinander im vorgeheizten Backofen ca. 25 Minuten backen. Mit Basilikum garnieren und servieren.

SELBST GEMACHTE PASSATA

2 kg reife aromatische Tomaten waschen, halbieren und zugedeckt in einem Topf bei schwacher Hitze ca. 20 Minuten kochen, bis sie weich sind und das Fruchtfleisch sich von der Schale gelöst hat. Durch die Flotte Lotte oder ein feines Sieb in einen zweiten Topf passieren und die Flüssigkeit mindestens 2 Stunden unter gelegentlichem Umrühren eindicken lassen. Eventuell mit 1 EL Balsamico-Essig, Zucker und Meersalz abschmecken und etwas gehacktes Basilikum unterrühren. In sterile Flaschen oder Gläser füllen und sofort verschließen.

Für 2 Pizzen
- ½ Würfel Hefe (ca. 20 g)
- 1 TL Rohrohrzucker
- 150 ml lauwarmes Wasser
- 250 g Dinkelmehl (Typ 630)
- 3 EL Olivenöl
- Meersalz
- 400 g Zucchini
- 2 Knoblauchzehen
- 1 kleine rote Zwiebel
- 6 EL Passata (Tomatenpüree)
- einige Blätter Basilikum

Zeitbedarf
- 45 Minuten
- 1 Stunde ruhen

Sommer-Pasta
—— *mit Tomaten & Rauke*

Für 2 Portionen
- 200 g kleine bunte Tomaten
- 200 g Pasta nach Wahl
- 50 g Cashewkerne
- 2 EL Olivenöl
- 50 ml Wasser
- 6 Blätter Salbei
- 1 TL Meersalz
- 100 g Rauke

Zeitbedarf
- 30 Minuten

Die Tomaten waschen, halbieren oder vierteln, dabei den Stielansatz entfernen. Die Pasta nach Packungsangabe al dente kochen.

Die Cashewkerne hacken. In einer Pfanne 1 EL Olivenöl erhitzen und die Kerne darin goldbraun anrösten. Die Tomaten dazugeben und unterrühren. Mit Wasser ablöschen und ca. 5 Minuten bei schwacher Hitze köcheln lassen. Zwischendurch umrühren.

Die Salbeiblätter waschen und in Streifen schneiden. Zu den Tomaten geben und die Sauce mit etwas Meersalz abschmecken.

Die Rauke waschen, trocken schleudern und klein schneiden. Auf 2 Teller verteilen. Die Pasta abgießen und mit dem Tomatensugo vermengen. Auf der Rauke anrichten und servieren.

IDEAL FÜR PASTA: CASHEW-PARMESAN
100 g Cashewnüsse in einer heißen Pfanne ohne Fett goldbraun anrösten. Die gerösteten Nüsse mit 2 TL Vollkorn-Semmelbröseln, 1 TL grobem Meersalz und je ½ TL getrockneten Rosmarinnadeln und Thymianblättchen in den Mixer geben und fein mixen.

Graupen-Risotto
—— *mit Zucchini, Aubergine & Paprika*

Das Gemüse waschen und in kleine Würfel schneiden. In einer Pfanne 2 EL Olivenöl erhitzen und das Gemüse darin knusprig anrösten. Mit etwas Meersalz abschmecken.

Die Knoblauchzehe schälen und fein hacken. In einem Topf 1 EL Olivenöl erhitzen und den Knoblauch darin anschwitzen. Die Gerstengraupen zugeben und unter Rühren anschwitzen lassen, dann die Hälfte des angebratenen Gemüses dazugeben.

Mit dem Weißwein ablöschen und einkochen lassen. Nach und nach bei schwacher Hitze unter Rühren die heiße Gemüsebrühe angießen.

Das Risotto mit dem restlichen gebratenen Gemüse anrichten, mit abgeriebener Zitronenschale verfeinern und mit gehackten Basilikumblättern garnieren.

VARIANTE: ROTE-BETE-RISOTTO

300 g Rote Bete schälen und in feine Würfel schneiden. 1 Knoblauchzehe schälen und fein hacken. Den Knoblauch in 2 EL Olivenöl anschwitzen, die Rote Bete und 200 g Gerstengraupen dazugeben, kurz anschwitzen. Mit 100 ml Weißwein ablöschen und einkochen lassen. Unter Rühren nach und nach ca. 750 ml Gemüsebrühe dazugießen und einköcheln lassen. Mit Meersalz und frischen Thymianblättchen abschmecken.

Für 2 – 3 Portionen
- 1 Zucchini (ca. 250 g)
- 1 Aubergine (ca. 250 g)
- 1 rote Paprikaschote
- 3 EL Olivenöl
- Meersalz
- 1 Knoblauchzehe
- 200 g Gerstengraupen
- 50 ml veganer Weißwein
- ca. 750 ml Gemüsebrühe
- Schale von 1 Bio-Zitrone
- einige Blätter Basilikum

Zeitbedarf
- 40 Minuten

Smoothies
—— *für den Sommer*

Für 1 großen Smoothie
Für den Milden
- 10 Blätter Kopfsalat
- 2 Aprikosen
- ½ Avocado
- 10 Himbeeren
- 250 ml eiskaltes
  Kokoswasser

Für den Extra-Grünen
- 10 Kopfsalatblätter
- 75 g Rauke
- 50 g Feldsalat
- ½ Avocado
- 1 Banane
- 1 kleiner Apfel
- 5 Blätter Minze
- 250 ml eiskaltes
  Wasser

Für den Beerigen
- 100 g Blaubeeren
- 250 ml Mandelmilch
- ½ TL Zimt
- ¼ TL Kurkuma

Zeitbedarf
- je 10 Minuten

Für den Milden: Die Salatblätter waschen und klein zupfen. Die Aprikosen entkernen und vierteln. Die Avocado halbieren, den Kern entfernen und das Fruchtfleisch mit einem Löffel aus der Schale heben. Die Himbeeren vorsichtig waschen. Alle Zutaten im Mixer mit eiskaltem Kokoswasser in ca. 2 Minuten zu einem sämigen Smoothie mixen.

Für den Extra-Grünen: Salatblätter, Rauke und Feldsalat gründlich waschen und klein zupfen. Die Avocado halbieren und das Fruchtfleisch aus einer Hälfte heben. Die Banane schälen und in Stücke schneiden, den Apfel waschen und in kleine Stücke schneiden. Die Minzeblätter schneiden. Alle Zutaten mit dem eiskalten Wasser im Mixer in ca. 2 Minuten zu einem sämigen Smoothie mixen.

Für den Beerigen: Die Blaubeeren waschen und mit der Mandelmilch und den Gewürzen im Mixer mindestens 2 Minuten zu einem sämigen Smoothie mixen. In ein Glas füllen und mit ein paar Blaubeeren garniert servieren.

>> *Ich liebe Smoothies. Sie sind pure Energie im Glas, eine schnell gemachte kleine Mahlzeit, die man auch gut für unterwegs mitnehmen kann. Dabei gilt: je grüner, desto besser – aber manchmal muss es auch ein süßer beeriger Smoothie sein.* <<

French Toast
—— *mit Blaubeeren*

Die Hafermilch in einer flachen Schüssel mit Meersalz, 2 EL Rohrohrzucker und Dinkelmehl verquirlen. Die Weißbrotscheiben nacheinander darin wenden und etwas vollsaugen lassen. Die Kokosraspeln über den Brotscheiben verteilen.

Die Blaubeeren waschen und in einem kleinen Topf erhitzen. 1 EL Rohrohrzucker und das ausgekratzte Vanillemark dazugeben, gut verrühren und 5 Minuten bei schwacher Hitze köcheln lassen.

In einer Pfanne das Kokosöl erhitzen und die Brotscheiben von beiden Seiten knusprig goldbraun braten. Mit dem Blaubeerkompott servieren.

VARIANTE: MIT APFEL-BIRNEN-KOMPOTT

1 Apfel und 1 Birne waschen, halbieren und das Kerngehäuse entfernen. Das Fruchtfleisch in kleine Stücke schneiden und in einem kleinen Topf erhitzen. Mit 2 EL Rohrohrzucker, dem Mark von 1 Vanilleschote und ½ TL Zimt abschmecken. 5 Minuten bei schwacher Hitze köcheln lassen, zwischendurch umrühren. 4 Scheiben Weißbrot im Teig wenden und braten (siehe oben). Mit dem Kompott servieren.

für 2 Portionen
- 150 ml Hafermilch
- 1 Prise Meersalz
- 3 EL Rohrohrzucker
- 50 g Dinkelmehl (Typ 630)
- 4 Scheiben Weißbrot
- 2 geh. EL Kokosraspeln
- 300 g Blaubeeren
- Mark von 1 Vanilleschote
- 2 EL Kokosöl

Zeitbedarf
- 30 Minuten

Aprikosen-Grütze
—— *mit Vanillesauce*

Für 3 – 4 Portionen
- 500 g reife Aprikosen
- 500 ml Apfelsaft
- 30 g Speisestärke
- 2 EL Rohrohrzucker

Für die Vanillesauce
- 400 ml Hafermilch
- 20 g Speisestärke
- 2 EL Vanillezucker
- Mark von 1 Vanille-
  schote

Zeitbedarf
- 30 Minuten

Die Aprikosen waschen, halbieren und entkernen. Die Aprikosenhälften in Stücke schneiden. 100 ml Apfelsaft mit der Speisestärke klümpchenfrei verrühren.

Die Aprikosen mit dem Rohrohrzucker in einen Topf geben, kurz anschwitzen lassen und mit dem restlichen Apfelsaft ablöschen. Aufkochen lassen und die angerührte Speisestärke unterrühren. Noch einmal aufkochen lassen, bis die Grütze andickt. Vom Herd ziehen und abkühlen lassen.

Für die Vanillesauce 100 ml Hafermilch mit der Speisestärke verrühren. Die restliche Hafermilch mit dem Vanillezucker in einem kleinen Topf erhitzen. Das Vanillemark dazugeben und aufkochen lassen. Die angerührte Speisestärke unterrühren und köcheln lassen, bis die Flüssigkeit leicht andickt.

Die Aprikosen-Grütze in Schälchen anrichten und die Vanillesauce warm oder kalt dazu servieren.

VARIANTE: ROTE GRÜTZE
500 g gemischte rote Beeren in einen Topf geben und mit 200 ml Kirschsaft aufkochen lassen. 100 ml Kirschsaft mit 30 g Speisestärke und 2 EL Vanillezucker verrühren und in den Topf geben. Unterrühren und kurz köcheln lassen, bis die Grütze andickt.

Herbst
— _warm & kräftig_

» Ich liebe den Herbst und kann es kaum erwarten, aus leuchtenden Kürbissen, buntem Mangold und aromatischem Wurzelgemüse was Feines zu zaubern. «

Leinsamen-Frühstück
—— *mit Apfel-Kürbis-Kompott*

Für 2 Portionen
- 4 EL geschrotete Leinsamen
- 3 EL Rohrohrzucker
- 400 ml Mandelmilch
- 125 g Hokkaido
- 1 süßer Apfel
- 1 Prise Zimt

Zeitbedarf
- 30 Minuten
- 12 Stunden einweichen
- 30 Minuten abkühlen

Die Leinsamen mit 2 EL Rohrohrzucker und der Mandelmilch in ein großes Glas oder eine Schüssel füllen und gut verrühren. Zugedeckt über Nacht im Kühlschrank quellen lassen.

Für das Kompott den Kürbis waschen und in kleine Würfel schneiden. Den Apfel waschen, halbieren, das Kerngehäuse entfernen und das Fruchtfleisch ebenfalls in kleine Würfel schneiden. Die Kürbis- und Apfelwürfel in einem kleinen Topf erhitzen und 1 EL Rohrohrzucker unterrühren. Mit etwas Wasser ablöschen und zugedeckt ca. 15 Minuten weich kochen. Zwischendurch umrühren. Das fertige Kompott mit 1 Prise Zimt abschmecken und abkühlen lassen.

Die eingeweichten Leinsamen aus dem Kühlschrank nehmen und noch einmal gut durchrühren. In 2 Gläser oder kleine Schüsseln füllen und mit dem Kompott servieren.

» *Leinsamen zählt zu unseren heimischen Superfoods und hat, neben der optischen Ähnlichkeit mit den Chiasamen, auch die gleich guten verdauungsfördernden Eigenschaften. Er enthält ebenfalls wertvolle Omega-3-Fettsäuren, schmeckt aber voller und nussiger als Chia.* «

Gemüse-Muffins
—— *mit Walnüssen*

Den Backofen auf 180 °C (Umluft 160 °C) vorheizen. Den Lauch waschen, putzen und in feine Ringe schneiden. In eine große Schüssel geben. Die Möhren schälen, raspeln und dazugeben.

Das Dinkelmehl mit Weinsteinpulver vermengen und zum Gemüse in die Schüssel sieben. Das Rapsöl und die Mandelmilch dazugießen und mit dem Handrührgerät zu einem glatten Teig verrühren. Das Meersalz, die gehackten Walnüsse und die Hanfsamen unterrühren.

Den Teig in die Muffinförmchen (eventuell vorher einfetten) verteilen und ca. 20–25 Minuten im vorgeheizten Backofen goldbraun backen.

VARIANTE: ROTE-BETE-MUFFINS
250 g Dinkelmehl mit 2 TL Weinsteinpulver, 125 ml Rapsöl und 250 ml Mandelmilch zu einem glatten Teig verrühren (siehe oben). 1 Rote Bete (ca. 200 g) schälen und fein raspeln, mit 1 TL Meersalz, 50 g gehackten Walnüssen und 1 TL Zimt unter den Teig rühren. In Muffinförmchen füllen und 25–30 Minuten im vorgeheizten Ofen backen.

Für 10–12 Muffins
- 1 Stange Lauch (150 g)
- 2 Möhren (200 g)
- 250 g Dinkelmehl
- 2 TL Weinsteinpulver
- 125 ml Rapsöl
- 250 ml Mandelmilch
- 1 TL Meersalz
- 50 g gehackte Walnüsse
- 2 TL Hanfsamen

Zeitbedarf
- 40 Minuten

Pflaumen-Chutney
—— mit Gemüsezwiebel

Für 2 Gläser à 440 ml
- 500 g Pflaumen oder Zwetschgen (entsteint)
- 500 g Gemüsezwiebel
- 2 EL Rapsöl
- 150 g Rohrohrzucker
- 1 TL Meersalz
- ¼ TL Zimt
- 150 ml Apfelessig

Zeitbedarf
- 80 Minuten

Die Pflaumen oder Zwetschgen waschen, halbieren und die Steine entfernen. Die Früchte in kleine Stücke schneiden. Die Gemüsezwiebel schälen und in kleine Würfel schneiden.

In einer Pfanne das Rapsöl erhitzen und die Zwiebelwürfel darin glasig anschwitzen. Den Rohrohrzucker dazugeben und unter Rühren schmelzen lassen. Die Pflaumen, Meersalz und Zimt unterrühren und mit dem Apfelessig ablöschen.

Das Chutney ca. 60 Minuten bei schwacher Hitze köcheln lassen, bis es leicht andickt. Dabei ab und zu umrühren. Sofort in heiß ausgespülte Gläser mit Schraubverschluss füllen und verschließen. Ungeöffnet ist das Chutney mindestens 6 Monate haltbar.

» Ich esse dieses Chutney sehr gerne auf einer Scheibe Brot, mit veganer Butter bestrichen. Es ist auch ideal, um weihnachtlichen Rotkohl damit zu verfeinern. «

Kürbis-Gulasch
—— *mit Kartoffeln & Möhren*

Den Kürbis waschen, bei Bedarf schälen und in kleine Würfel schneiden. Die Kartoffeln und die Möhren schälen und in kleine Würfel bzw. Scheiben schneiden. Die Zwiebel schälen und in feine Würfel schneiden.

Das Olivenöl in einem Topf erhitzen und die Zwiebelwürfel darin leicht anrösten. Die Kürbis- und Kartoffelwürfel und die Möhrenscheiben dazugeben und ebenfalls unter Rühren kurz anrösten.

Das Tomatenmark unter das Gemüse rühren, kurz anrösten lassen und mit 100 ml Gemüsebrühe ablöschen. Einkochen lassen, die restliche Brühe unter Rühren nach und nach zugeben.

Den Saucenlebkuchen oder die Brotrinde in sehr kleine Würfel schneiden und unter das Kartoffel-Kürbis-Gulasch rühren. Bei schwacher Hitze offen ca. 20 Minuten köcheln lassen, dabei ab und zu umrühren. Mit Balsamico, gehacktem Majoran, etwas Meersalz und Pfeffer aus der Mühle abschmecken.

Zutaten für 2 Portionen
- 200 g Kürbis (z. B. Hokkaido)
- 200 g Kartoffeln
- 200 g Möhren
- 1 kleine Zwiebel
- 2 EL Olivenöl
- 2 EL Tomatenmark
- 600 ml Gemüsebrühe
- 1 Saucenlebkuchen oder 50 g Brotrinde
- 1 EL dunkler Balsamico-Essig
- 2 EL gehackter Majoran
- Meersalz
- Pfeffer aus der Mühle

Zeitbedarf
- 40 Minuten

Gekörnte Gemüsebrühe
—— *ganz einfach selbst gemacht*

Für 1 Glas (ca. 200 ml)
- 1 Handvoll Liebstöckel
- ½ Bund Petersilie
- 200 g Möhren
- 200 g Knollensellerie
- 1 kleine Zwiebel
- 1 kleine Stange Lauch
- 2 TL grobes Meersalz

Zeitbedarf
- 20 Minuten
- 90 Minuten trocknen

Den Backofen auf 80 °C Umluft vorheizen. Liebstöckel und Petersilie waschen, trocken schütteln und fein schneiden bzw. hacken. Die Möhren, Knollensellerie und Zwiebel schälen und in kleine Stücke schneiden. Den Lauch waschen, putzen und in Stücke schneiden.

Das Gemüse und die Kräuter in den Mixer geben und fein mixen. Auf einem mit Backpapier ausgelegten Blech verteilen.

Das Gemüse im vorgeheizten Backofen ca. 90 Minuten trocknen lassen. Dabei die Ofentür einen Spalt geöffnet lassen, damit die Feuchtigkeit abziehen kann. Das Gemüse alle 30 Minuten wenden.

Wenn das Gemüse ganz getrocknet ist (bei Bedarf noch etwas länger trocknen), aus dem Ofen nehmen und auskühlen lassen. In ein Schraubglas füllen und gut mit Meersalz vermengen.

>> *Für das Gemüsebrühpulver verwende ich auch übrig gebliebenes Gemüse, das nicht mehr ganz so knackig ist, und variiere bei den Zutaten. Es kann auch in größerer Menge auf Vorrat gemacht werden und hält sich einige Monate. Für 1 l Brühe braucht man 3 – 4 TL des Pulvers.* <<

Fenchel-Apfel-Salat
—— *mit Granatapfelkernen*

Die Fenchelknollen waschen und den Strunk entfernen. Die Knollen in feine Streifen scheiden. Falls Fenchelgrün vorhanden ist, für die Garnitur beiseitelegen. Die Möhren waschen, schälen und in feine Streifen raspeln.

Die Fenchel- und Möhrenstreifen in eine Schüssel geben, mit Olivenöl, 1 TL Meersalz und Zitronensaft vermengen und mit den Händen durchkneten.

Die Äpfel waschen, halbieren und das Kerngehäuse entfernen. Die Äpfel in feine Scheiben schneiden, zum Fenchel geben und mit Balsamico- oder Apfelessig vermischen.

Den Fenchel-Apfel-Salat mit Meersalz und Pfeffer aus der Mühle abschmecken. Mit den ausgelösten Granatapfelkernen und dem Fenchelgrün garnieren.

VARIANTE: FENCHEL-MÖHREN-PFANNE

2 Fenchelknollen waschen, den Strunk entfernen, die Knollen in feine Streifen schneiden. 2 Möhren schälen und ebenfalls in feine Streifen schneiden. Das Gemüse in einer Pfanne mit 2 EL Olivenöl kurz anbraten und bei schwacher Hitze ca. 10 Minuten dünsten, ab und zu umrühren. Mit dem Saft von 2 Orangen ablöschen und nochmals 5 Minuten ziehen lassen. Mit Meersalz und Pfeffer aus der Mühle abschmecken und mit den Kernen von 1 Granatapfel garnieren.

Zutaten für 2 Portionen
- 2 Fenchelknollen (ca. 300 g)
- 2 Möhren (ca. 200 g)
- 3 EL Olivenöl
- Meersalz
- Saft von ½ Zitrone
- 2 Äpfel (ca. 200 g)
- 2 EL weißer Balsamico- oder Apfelessig
- Pfeffer aus der Mühle
- Kerne von ½ Granatapfel

Zeitbedarf
- 20 Minuten

Möhrensuppe
—— *mit Vanille*

Zutaten für 2 Portionen
- 1 Bund Möhren mit Grün (ca. 600 g)
- 600 ml Gemüsebrühe
- 4 EL Hafersahne
- Mark von 1 Vanilleschote
- Meersalz
- Pfeffer aus der Mühle

Zeitbedarf
- 35 Minuten

Das Grün der Möhren entfernen und waschen. Etwa die Hälfte davon sehr fein schneiden. Die Möhren schälen und in Scheiben schneiden.

Die Möhrenscheiben in einen Topf geben, die Gemüsebrühe dazugießen und bei mittlerer Hitze zugedeckt ca. 20 Minuten weich kochen.

Den Topf vom Herd nehmen und die Möhren mit dem Pürierstab fein pürieren. Die Hafersahne dazugeben und nochmals kurz pürieren.

Die Suppe zurück auf den Herd stellen, noch einmal kurz erwärmen und mit dem ausgekratzten Vanillemark, Meersalz und Pfeffer abschmecken. Das gehackte Möhrengrün unterrühren. Die Suppe anrichten und mit etwas Möhrengrün garnieren.

VARIANTE: MÖHREN-SUPPE MIT CURRY
250 g Möhren schälen und in Scheiben schneiden. In 300 ml Gemüsebrühe weich kochen, 200 ml Kokosmilch dazugießen und die Suppe fein pürieren. Mit dem Saft von 1 Orange, 2 TL scharfem Currypulver und Meersalz abschmecken. Mit 2 EL Kokosraspeln garniert servieren.

Pastinakensuppe
—— *mit knusprigem Topinambur*

Die Pastinaken dünn schälen und in ca. 1 cm dicke Scheiben schneiden, große Scheiben nochmals halbieren. Die Pastinaken in der Gemüsebrühe ca. 15–20 Minuten weich kochen.

In der Zwischenzeit den Topinambur mit einer Gemüsebürste unter Wasser reinigen und gut abtrocknen. In sehr dünne Scheiben schneiden. In einer Pfanne das Olivenöl erhitzen und die Topinambur-Scheiben darin knusprig ausbacken. Auf Küchenpapier abtropfen lassen.

Die Pastinaken vom Herd nehmen und mit dem Pürierstab cremig pürieren. Die Sojasahne dazugießen und nochmals kurz pürieren. Die Suppe noch einmal erhitzen, mit Meersalz und Pfeffer abschmecken, mit Kresse garnieren und mit den Topinambur-Scheiben servieren.

VARIANTE: PASTINAKEN-KÜRBIS-CURRY

250 g Hokkaido waschen, entkernen und in kleine Stücke schneiden. 200 g Pastinaken schälen und in Scheiben schneiden. 1 Knoblauchzehe und ein kleines Stück Ingwer schälen und sehr fein würfeln. ½ rote Chilischote in feine Ringe schneiden. In einer Pfanne 1 EL Sesamöl erhitzen, Knoblauch, Ingwer und Chili kurz anrösten. 1 EL Tomatenmark unterrühren, mit dem Saft von 1 Limette ablöschen. Mit 200 ml Kokosmilch und 100 ml Gemüsebrühe aufgießen, Kürbis und Pastinaken dazugeben und in ca. 15–20 Minuten weich garen. Mit mildem Currypulver und Meersalz abschmecken.

Zutaten für 2 Portionen
- 400 g Pastinaken
- 500 ml Gemüsebrühe
- 100 g Topinambur
- 2 EL Olivenöl
- 200 ml Sojasahne
- Meersalz
- Pfeffer aus der Mühle
- Kresse zum Garnieren

Zeitbedarf
- 30 Minuten

Pastinaken-Aufstrich
—— *mit roten Linsen*

Für 1 Glas (ca. 370 ml)
- 300 g Pastinaken
- 200 ml Gemüsebrühe
- 100 g rote Linsen
- ½ Bund Petersilie
- 2 EL Olivenöl
- Meersalz
- Pfeffer aus der Mühle
- etwas Zitronensaft

Zeitbedarf
- 30 Minuten

Die Pastinaken schälen und in kleine Würfel schneiden. In einem Topf in der Gemüsebrühe ca. 15 Minuten zugedeckt weich kochen. Durch ein Sieb abgießen.

Die roten Linsen nach Packungsangabe weich kochen und, falls nötig, durch ein Sieb abgießen. Die Linsen in ein hohes Rührgefäß geben.

Die Petersilie waschen, trocken schütteln und fein hacken. Mit den Pastinaken zu den Linsen geben, das Olivenöl dazugeben und mit dem Pürierstab cremig pürieren. Mit Meersalz, Pfeffer und etwas Zitronensaft abschmecken.

VARIANTE: KARTOFFEL-LAUCH-AUFSTRICH (CA. 500 ML)
400 g mehlige Kartoffeln mit Schale weich kochen. Danach schälen, durch eine Kartoffelpresse drücken oder mit einer Gabel zerdrücken. 1 Stange Lauch (ca. 200 g) waschen, putzen und in feine Ringe schneiden. In einer Pfanne in 1 EL Olivenöl anschwitzen und zu den Kartoffeln geben. 3 EL Sojasahne, 2 EL Olivenöl und ½ Bund gehackte Petersilie dazugeben und gut vermengen. Mit Meersalz und Pfeffer abschmecken.

Kürbisbrot
—— *saftig und knusprig*

Den Hokkaido waschen und vierteln. Die Kerne entfernen und das Kürbis-fleisch mit einer Reibe fein raspeln. Dinkelmehl und Dinkelvollkornmehl in eine große Schüssel sieben. Meersalz und Zimt dazugeben und gut vermengen.

Die vegane Butter in einen kleinen Topf geben, die Hafermilch dazugie-ßen. Bei schwacher Hitze erwärmen, bis die Butter geschmolzen ist. Etwas abkühlen lassen (ca. 40 °C), die Hefe in die lauwarme Flüssigkeit geben und klümpchenfrei unterrühren. 5 Minuten stehen lassen.

Die Kürbisraspel zum Mehl in die Schüssel geben, die Hefemilch und den Agavendicksaft dazugießen. Mit den Händen oder den Knethaken des Handrührgeräts zu einem glatten weichen Teig verkneten. Zugedeckt an einem warmen Ort mindestens 1 Stunde gehen lassen.

Den Backofen auf 180 °C (Umluft 160 °C) vorheizen. Den Teig auf einer bemehlten Arbeitsfläche noch einmal gründlich durchkneten und zu ei-nem runden oder länglichen Laib formen. Auf ein mit Backpapier ausge-legtes Blech legen und mit einem scharfen Messer kreuzförmig einritzen.

Das Brot im vorgeheizten Backofen ca. 40–45 Minuten knusprig backen. Herausnehmen und auskühlen lassen.

Für 1 Brot (ca. 1 kg)
- 1 kleiner Hokkaido (ca. 400 g)
- 200 g Dinkelmehl (Typ 630)
- 300 g Dinkelvoll-kornmehl
- 1 TL Meersalz
- ½ TL Zimt
- 100 g vegane Butter
- 100 ml Hafermilch
- 1 Päckchen Trocken-hefe oder ½ Würfel frische Hefe
- 2 EL Agavendicksaft

Zeitbedarf
- 60 Minuten
- 1 Stunde ruhen

Gefüllter Butternut
—— mit Hirse & Mandelmus

Zutaten für 2 Portionen
- 1 Butternut-Kürbis (ca. 800 g)
- 3 EL Olivenöl
- 125 g Hirse
- 1 Möhre (ca. 200 g)
- 1 kleine Zwiebel
- 100 g Champignons
- 2 Zweige Thymian
- 100 ml Gemüsebrühe
- Meersalz
- Pfeffer aus der Mühle
- 2 EL Mandelmus

Zeitbedarf
- 90 Min.

Den Backofen auf 200 °C (Umluft 180 °C) vorheizen. Den Butternut waschen und längs halbieren. Die Kürbishälften mit je 1 TL Olivenöl bepinseln und auf ein Backblech legen. Ca. 40 Minuten im Ofen garen.

In der Zwischenzeit die Hirse in einem Topf nach Packungsangabe garen. Die Möhre und die Zwiebel schälen und in kleine Würfel schneiden. Die Champignons mit einem Küchentuch säubern und fein würfeln. Thymian waschen, trocken schütteln und die Blättchen abzupfen.

Den Kürbis aus dem Ofen nehmen, die Kerne mit einem scharfen Löffel herauskratzen und den Kürbis etwas weiter aushöhlen. Das ausgelöste Fruchtfleisch klein schneiden.

In einer Pfanne 2 EL Olivenöl erhitzen und die Zwiebel darin anschwitzen. Möhren, Pilze und Kürbis dazugeben und bei schwacher Hitze ca. 5 Minuten schmoren. Ab und zu umrühren. Die gegarte Hirse dazugeben, alles gut miteinander verrühren und mit der Gemüsebrühe ablöschen.

Die Gemüse-Hirse-Mischung mit Meersalz, Pfeffer und Thymianblättchen abschmecken und in die vorgegarten Kürbishälften füllen. Das Mandelmus darüber verteilen und den gefüllten Butternut 10 Minuten im Ofen überbacken.

Kürbistaler
—— *mit Chili-Mayonnaise*

Den Backofen auf 200 °C (Umluft 180 C) vorheizen. Den Kürbis waschen, die Kerne entfernen und das Kürbisfleisch in kleine Stücke schneiden. Die Zwiebel schälen und würfeln, mit dem Kürbis in eine ofenfeste Form geben und ca. 40 Minuten sehr weich garen. Herausnehmen und kurz abkühlen lassen.

Für die Mayonnaise Sojamilch, Öl und Balsamico in ein hohes Rührgefäß geben. Den Pürierstab auf den Boden des Gefäßes stellen und so lange mixen, bis Öl und Sojamilch emulgieren und andicken. Dann den Pürierstab vorsichtig nach oben ziehen und die Zutaten mit einer Pumpbewegung weiter vermengen. Mit Zucker, Chili, Salz und Pfeffer abschmecken und die Mayonnaise bis zum Verzehr kühl stellen.

Die lauwarme Kürbis-Zwiebel-Mischung in eine Schüssel geben und mit den Händen gut verkneten. Mehl, Salz, Chili und Olivenöl dazugeben und alles zu einem homogenen Teig verkneten.

Aus dem Teig kleine Taler formen und in einer Pfanne in heißem Sonnenblumenöl knusprig ausbacken. Herausnehmen und auf Küchenpapier abtropfen lassen. Die Salbeiblätter ebenfalls kurz im Öl ausbacken. Die Kürbistaler mit Salbeiblättern und Chili-Mayonnaise servieren.

VARIANTE: KÜRBIS-BURGER

Aus der Kürbismasse 4 größere Patties formen und in etwas heißem Öl ausbacken. 1 Zwiebel schälen, in Ringe schneiden, im Öl knusprig braten. 4 Dinkelvollkornbrötchen halbieren, Salatblätter und etwas Ketchup daraufgeben, mit den Kürbispatties und Zwiebeln belegen.

Zutaten für 2 Portionen
- 500 g Hokkaido
- 1 kleine rote Zwiebel
- 100 g Dinkelmehl
- 2 TL Meersalz
- ¼ TL Chilipulver
- 2 EL Olivenöl
- ca. 100 ml Sonnenblumenöl zum Ausbacken
- einige Blätter Salbei

Für die Mayonnaise
- 100 ml Sojamilch (mind. 3,0 % Eiweiß)
- 200 ml Raps- oder Sonnenblumenöl
- 1 TL weißer Balsamico-Essig
- ½ TL Zucker
- ¼ TL Chilipulver
- Meersalz
- Pfeffer aus der Mühle

Zeitbedarf
- 60 Minuten

Möhren-Pasta
—— mit Knuspertopping

Zutaten für 2 Portionen
- 600 g Möhren
- 2 Knoblauchzehen
- 1 EL Olivenöl
- 50 g Leinsamen
- 400 ml Sojasahne
- Meersalz.
- Pfeffer aus der Mühle

Zeitbedarf
- 30 Minuten

Die Möhren waschen, schälen, das obere und untere Ende abschneiden. Mit einem Sparschäler zu dünnen „Bandnudeln" schneiden und in eine Schüssel geben. Die nicht mehr schälbaren Reste klein schneiden und getrennt beiseitestellen.

Die Knoblauchzehen schälen und fein würfeln. In einer Pfanne das Olivenöl erhitzen und den Knoblauch darin anschwitzen. Die klein geschnittenen Möhrenreste dazugeben und mit anschwitzen. Die Leinsamen dazugeben und ebenfalls kurz anrösten. Das Topping in eine kleine Schüssel füllen.

Die Pfanne zurück auf den Herd stellen, die Sojasahne dazugießen und kurz aufkochen lassen. Mit Meersalz und Pfeffer abschmecken.

Die Möhren-Bandnudeln unter die Sauce heben und ca. 2–3 Minuten bei schwacher Hitze bissfest gar ziehen lassen. Anrichten und mit dem Knuspertopping servieren.

VARIANTE: KALTE MÖHREN-PASTA
In einer Pfanne 2 EL Olivenöl erhitzen, 2 gehackte Knoblauchzehen und ½ in Scheiben geschnittene rote Chilischote darin andünsten. Die Möhren-Nudeln (siehe oben) dazugeben und alles gut miteinander vermengen. Mit der abgeriebenen Schale von ½ Bio-Zitrone, Meersalz und Pfeffer abschmecken. Abkühlen lassen und servieren.
Diese Pasta kann man auch aus anderem Gemüse, z. B. mit Zucchini, zubereiten.

Mangold-Ravioli
—— *mit Kürbissauce*

Grieß, Mehl und Meersalz in eine große Schüssel geben und vermengen. Das eiskalte Wasser und 1 EL Olivenöl dazugeben und mit den Händen oder der Küchenmaschine zu einem glatten, weichen Teig verkneten. Das kann bis zu 10 Minuten dauern. Den Teig zugedeckt für mindestens 1 Stunde in den Kühlschrank stellen.

Den Mangold waschen, trocknen und in sehr feine Streifen schneiden. Die Knoblauchzehe schälen und fein hacken. In einer Pfanne 1 EL Olivenöl erhitzen, Mangold und Knoblauch darin anschwitzen und bei schwacher Hitze ca. 10 Minuten dünsten. Mit etwas Zitronensaft, Meersalz und Pfeffer abschmecken und abkühlen lassen.

Den Teig aus dem Kühlschrank nehmen, auf einer bemehlten Arbeitsfläche sehr dünn ausrollen und mit einer Ausstechform Kreise ausstechen. Je nach Größe mit ½ – 1 TL Mangold füllen und zusammenklappen. Die Ränder mit etwas Wasser befeuchten und mit einer Gabel zusammendrücken.

Für die Sauce das geraspelte Kürbisfleisch in einem kleinen Topf in Olivenöl kurz anschwitzen und mit der Gemüsebrühe ablöschen. Die Hafersahne dazugeben, aufkochen lassen und mit Meersalz und Pfeffer abschmecken. Die Petersilie waschen, trocken schütteln, fein hacken und unterheben.

In einem großen Topf Wasser zum Kochen bringen und kräftig salzen. Die Hitze reduzieren und die Ravioli im siedenden Wasser ca. 3 Minuten gar ziehen lassen, bis sie oben schwimmen. Abgießen und mit der Kürbissauce anrichten.

Zutaten für 2 Portionen
- 125 g Dinkel- oder Weizengrieß
- 75 g Dinkelmehl (Typ 630)
- 1 TL Meersalz
- 100 ml eiskaltes Wasser
- 2 EL Olivenöl
- ca. 150 g Mangold
- 1 Knoblauchzehe
- etwas Zitronensaft
- Meersalz
- Pfeffer aus der Mühle

Für die Sauce
- 100 g geraspelter Kürbis
- 1 EL Olivenöl
- 200 ml Gemüsebrühe
- 150 ml Hafersahne
- ½ Bund Petersilie

Zeitbedarf
- 1 Stunde
- 1 Stunde ruhen

Dinkel-Spätzle
—— *mit Weißkohl*

Zutaten für 2 Portionen

- 150 g feines Dinkel-mehl (Typ 630)
- 1 TL Meersalz
- 150 ml Wasser

Für den Weißkohl

- 350 g Weißkohl
- 2 EL Sonnenblumenöl
- 200 ml Gemüsebrühe
- etwas weißer Balsamico-Essig
- 1 TL Kümmel
- Meersalz
- Pfeffer aus der Mühle
- ½ Bund Petersilie

Zeitbedarf

- 60 Minuten

Das Dinkelmehl mit dem Meersalz in eine große Rührschüssel geben. Das Wasser dazugießen, gut verrühren und mit einem Kochlöffel zu einem zähflüssigen Teig schlagen.

Den Kohl putzen und den Strunk entfernen. Den Kohl in feine Streifen schneiden oder hobeln. Das Öl in einer Pfanne erhitzen und die Weißkohlstreifen darin anschwitzen, mit der Gemüsebrühe ablöschen. Einen Schuss Balsamico und Kümmel dazugeben und bei schwacher Hitze 15–20 Minuten garen, dabei ab und zu umrühren. Mit etwas Meersalz und Pfeffer abschmecken.

In der Zwischenzeit in einem großen Topf reichlich Salzwasser zum Kochen bringen, dann die Hitze etwas reduzieren. Ein kleines Holzbrett (es sollte nach vorne leicht abgeschrägt sein) gut befeuchten und eine kleine Menge Teig aufstreichen. Mit einem befeuchteten Schaber oder breiten Messer dünne Teigstreifen ins Wasser schaben. Sobald die Spätzle an der Oberfläche schwimmen, mit einem Schaumlöffel herausnehmen. Diesen Vorgang wiederholen, bis der Teig aufgebraucht ist.

Petersilie waschen, trocken schütteln und fein hacken. Die Spätzle mit dem Weißkohl anrichten und mit der gehackten Petersilie bestreuen.

Winter
— *Deftiger Genuss*

» *Die kalte Jahreszeit steht bei mir ganz im
Zeichen der vitaminreichen Kohl-Vielfalt und bei
Rote-Bete-Knollen wird mir gleich warm ums Herz.* «

Feldsalat mit Birne
—— *und selbst gemachtem Knäckebrot*

Für 2 Portionen
- 150 g Feldsalat
- 2 Birnen
- 50 g vegane Butter
- 80 g Dinkelmehl
- ½ TL Meersalz
- 30 g gehackte Haselnüsse
- 4 EL Olivenöl
- Saft von ½ Orange
- 2 TL Senf
- Meersalz
- Pfeffer aus der Mühle

Für das Knäckebrot
- 150 g gemischte Kerne (z. B. Kürbis-, Pinien-, Sonnenblumenkerne)
- 50 g Sesam
- 100 g Leinsamen
- 1 TL Meersalz
- ½ TL Zimt
- 300 ml Wasser

Zeitbedarf
- 50 Minuten
- 120 Minuten backen
- 3 Stunden ruhen

Für das Knäckebrot die gemischten Kerne, den Sesam und die Leinsamen in einer heißen Pfanne ohne Fett anrösten. Dann in eine kleine Schüssel füllen, mit Meersalz und Zimt vermengen. Das Wasser unterrühren und die Körner zugedeckt mindestens 3 Stunden quellen lassen.

Den Backofen auf 150 °C (Umluft 130 °C) vorheizen. Die Kerne auf einem mit Backpapier ausgelegten Blech dünn ausstreichen. 60 Minuten backen, dann die Hitze auf 100 °C reduzieren und weitere 60 Minuten, bei spaltbreit geöffneter Ofenklappe, trocknen. Das fertige Knäckebrot vollständig auskühlen lassen und in grobe Stücke brechen.

Den Backofen auf 200 °C (Umluft 180 °C) vorheizen. Den Feldsalat gründlich waschen und putzen. Die Birnen waschen, halbieren und das Kerngehäuse entfernen.

Aus veganer Butter, Dinkelmehl, Meersalz und gehackten Haselnüssen kleine Streusel kneten und auf die Birnenhälften verteilen. Die Birnen in eine Auflaufform legen und ca. 25 – 30 Minuten im Ofen überbacken, bis die Streusel goldbraun sind.

In einer Schüssel aus Olivenöl, Orangensaft und Senf ein Dressing anrühren. Mit etwas Meersalz und Pfeffer abschmecken und mit dem Feldsalat vermengen. Den Salat mit den Birnenhälften und dem Knäckebrot servieren.

Rotkohlsalat
—— *mit Birnen & Walnüssen*

Die äußeren Blätter vom Rotkohl entfernen. Den Kohl waschen, vierteln und den Strunk entfernen. Die Viertel in sehr feine Streifen schneiden. Die Birnen waschen, vierteln, entkernen und in kleine Stücke schneiden.

Die Schalotte schälen und in feine Würfel schneiden. In einer Pfanne das Rapsöl erhitzen und die Schalotte darin anschwitzen, mit dem Rohrrohrzucker karamellisieren. Das Rotkraut dazugeben, mit den Zwiebelwürfeln verrühren und bei schwacher Hitze ca. 5 Minuten dünsten. Zwischendurch umrühren.

Den Kohl mit Glühwein oder Fruchtpunsch ablösen und kurz einkochen lassen. Mit Meersalz und Pfeffer abschmecken und noch lauwarm mit den gehackten Walnüssen und den Birnenstückchen servieren.

VARIANTE: COLESLAW (4–6 PORTIONEN)

Die äußeren Blätter von einem Rotkohl (ca. 1 kg) entfernen. Den Kohl vierteln, vom Strunk befreien und in feine Streifen hobeln. In einer Schüssel mit 100 ml Sojasahne, 3 TL mittelscharfem Senf, 3 EL Rohrrohrzucker und 3 EL Weißweinessig vermengen. Mit den Händen kräftig verkneten, mit Meersalz und Pfeffer abschmecken. An einem kühlen Ort mindestens 1 Tag durchziehen lassen.

Zutaten für 2 Portionen
- 1 Rotkohl (ca. 500 g)
- 2 Birnen
- 1 kleine Schalotte
- 1 EL Rapsöl
- 1 TL Rohrrohrzucker
- 100 ml Glühwein oder Fruchtpunsch
- Meersalz
- Pfeffer aus der Mühle
- 4 EL gehackte Walnusskerne

Zeitbedarf
- 30 Minuten

Dinkelnudeln
mit Sauerkrautsauce

Zutaten für 2 Portionen
- 125 g Dinkelgrieß
- 75 g Dinkelmehl (Typ 630)
- 1 TL Meersalz
- 100 ml eiskaltes Wasser
- 1 EL Olivenöl

Für die Sauce
- 1 Packung Räuchertofu (ca. 400 g)
- 1 EL Sonnenblumenöl
- 250 g Sauerkraut
- 150 ml veganer Weißwein
- 100 ml Gemüsebrühe
- 100 ml Hafersahne
- Meersalz
- Pfeffer aus der Mühle

Zeitbedarf
- 40 Minuten
- 60 Minuten ruhen

Den Grieß und das Mehl mit Meersalz in eine große Schüssel geben und vermengen. Wasser und Olivenöl dazugeben und alles zu einem sehr glatten, weichen Teig verkneten. Das kann bis zu 10 Minuten dauern. Den Teig zugedeckt für mindestens 60 Minuten in den Kühlschrank stellen.

Den Teig auf einer bemehlten Arbeitsfläche so dünn wie möglich ausrollen und mit einem Messer oder Nudelroller in die gewünschte Form schneiden. Die Nudeln auf einen gut bemehlten Teller legen und mit Mehl bestäuben, damit sie nicht zusammenkleben.

Den Räuchertofu in kleine Würfel schneiden. In einer Pfanne das Sonnenblumenöl erhitzen und die Tofuwürfel darin knusprig anbraten. Herausnehmen, in eine kleine Schüssel geben und bei 50 °C im Backofen warm halten.

Das Sauerkraut in die Pfanne geben und bei schwacher Hitze unter Rühren erhitzen. Mit Weißwein ablöschen und 5 Minuten köcheln lassen. Die Gemüsebrühe und die Hafersahne dazugeben, verrühren und nochmals ca. 5 Minuten köcheln lassen. Mit Meersalz und Pfeffer abschmecken.

In der Zwischenzeit in einem großen Topf reichlich Wasser erhitzen und kräftig salzen. Die Nudeln darin portionsweise ca. 2 – 4 Minuten bissfest garen. Mit einer Schaumkelle herausnehmen oder abgießen.

Die Nudeln in die Pfanne geben und mit der Sauerkrautsauce vermengen. Mit den Tofuwürfeln servieren.

Chinakohl-Eintopf
—— *wärmt an kalten Tagen*

Den Chinakohl halbieren, den Strunk entfernen und die Hälften in feine Streifen schneiden. In einem Sieb waschen und abtropfen lassen. Die Chilischote waschen und in feine Ringe schneiden. Die Knoblauchzehe und den Ingwer schälen und in feine Würfel schneiden oder hacken.

In einer Pfanne das Erdnussöl erhitzen, Chili, Ingwer und Knoblauch darin kurz anbraten. Die Chinakohlstreifen dazugeben und alles gut verrühren. Mit Gemüsebrühe ablöschen und bei schwacher Hitze ca. 5 Minuten köcheln lassen. Die Kokosmilch dazugießen und nochmals ca. 10 Minuten köcheln lassen, bis der Chinakohl weich ist.

In der Zwischenzeit die Glasnudeln in einer Schüssel nach Packungsanweisung mit kochendem Wasser übergießen und ein paar Minuten ziehen lassen. Durch ein Sieb abgießen, abtropfen lassen und mit einem Messer oder einer Küchenschere mundgerecht zerkleinern. Die Nudeln unter den Chinakohl mischen und den Eintopf mit Limettensaft und Meersalz abschmecken.

Zutaten für 2 Portionen
- 1 Chinakohl (ca. 400 g)
- ½ rote Chilischote
- 1 Knoblauchzehe
- 1 fingerdickes Stück Ingwer
- 1 EL Erdnussöl
- 400 ml Gemüsebrühe
- 200 ml Kokosmilch
- 1 Packung Glasnudeln
- Saft von ½ Limette
- Meersalz

Zeitbedarf
- 30 Minuten

Kartoffelsuppe
—— *mit Knoblauch*

Zutaten für 2 Portionen
- 300 g mehligkochende Kartoffeln
- 4 Knoblauchzehen
- 1 kleine Schalotte
- 2 EL Olivenöl
- 600 ml Gemüsebrühe
- 100 ml Hafersahne
- ½ Bund Petersilie
- 2 EL weißer Balsamico-Essig
- Meersalz
- Pfeffer aus der Mühle

Zeitbedarf
- 40 Minuten

Die Kartoffeln schälen, waschen und in kleine Würfel schneiden. Die Knoblauchzehen schälen und sehr fein hacken. Die Schalotte schälen und in kleine Würfel schneiden.

In einem Topf das Olivenöl erhitzen, den Knoblauch und die Schalotte darin anschwitzen. Die Kartoffelwürfel dazugeben und mit der Gemüsebrühe ablöschen. In ca. 20 Minuten weich kochen.

Den Topf vom Herd nehmen und die Suppe mit dem Pürierstab cremig pürieren. Die Hafersahne dazugeben und noch einmal pürieren. Den Topf zurück auf den Herd stellen und kurz erhitzen.

Die Petersilie waschen, trocken schütteln und fein hacken. Die Suppe mit Balsamico-Essig, Meersalz und Pfeffer abschmecken und mit der gehackten Petersilie servieren.

≫ *Auch wenn sein Geruch nicht ohne ist, ich liebe Knoblauch, vor allem in gutem Olivenöl angebraten. Und er ist auch ein natürliches Antibiotikum, denn beim Zerschneiden wird Allicin frei, das über antibakterielle Eigenschaften verfügt. Das hilft gerade im Winter, einer Erkältung vorzubeugen!* ≪

Weißes Chili
—— *mit Wintergemüse*

Die äußeren Blätter vom Blumenkohl entfernen. Den Blumenkohl in kleine Röschen teilen, waschen und abtropfen lassen. Die Pastinake und die Steckrübe schälen, waschen und in kleine Stücke schneiden. Chilischoten waschen und in feine Ringe schneiden.

In einem Topf die Gemüsebrühe erhitzen. Blumenkohl, Pastinake, Steckrübe, Chilischoten und weiße Bohnen dazugeben und in 20–25 Minuten bei mittlerer Hitze bissfest garen.

In einem kleinen Topf die vegane Butter schmelzen. Den Topf vom Herd nehmen, das Mehl mit einem Schneebesen unterrühren, mit der Sojamilch ablöschen und klümpchenfrei verrühren. Den Topf zurück auf den Herd stellen, die Mehlschwitze aufkochen und unter Rühren kurz köcheln und andicken lassen.

Die Mehlschwitze zum Gemüse geben und gut unterrühren. Das Chili nochmals 5 Minuten köcheln lassen, mit Meersalz und Kreuzkümmel abschmecken und servieren.

Zutaten für 2 Portionen
- 300 g Blumenkohl
- 1 Pastinake (ca. 150 g)
- 1 kleine Steckrübe (ca. 150 g)
- ½ rote Chilischote
- ½ grüne Chilischote
- ½ Glas weiße Bohnen (Abtropfgewicht ca. 125 g)
- 500 ml Gemüsebrühe
- 25 g vegane Butter
- 1 EL Mehl
- 80 ml Sojamilch
- Meersalz
- 1 TL gem. Kreuzkümmel

Zeitbedarf
- 50 Minuten

Grünkohl
—— mit Süßkartoffel & Kokosmilch

Zutaten für 2 Portionen
- 500 g Grünkohl
- 500 ml Gemüsebrühe
- 150 ml Kokosmilch
- 1 Süßkartoffel (ca. 200 g)
- 1 EL Erdnussöl
- 4 EL Cashewkerne
- Meersalz
- ½ TL gem. Kreuzkümmel
- ½ TL Kurkuma
- 1 Prise Zimt

Zeitbedarf
- 60 Minuten

Den Grünkohl waschen und den Strunk entfernen. Die Blätter von den Blattrippen streifen, waschen, abtropfen lassen und in Streifen schneiden.

Den Grünkohl in einen Topf geben, die Gemüsebrühe und die Kokosmilch dazugeben, aufkochen und zugedeckt bei schwacher Hitze 15–20 Minuten garen.

In der Zwischenzeit die Süßkartoffel schälen und in sehr kleine Würfel schneiden. In einer Pfanne das Erdnussöl erhitzen und die Süßkartoffelwürfel von allen Seiten knusprig anbraten. Die Cashewkerne dazugeben und mit anrösten. Mit Meersalz würzen.

Den Grünkohl mit Kreuzkümmel, Kurkuma, Zimt und Meersalz abschmecken. Mit den Süßkartoffelwürfeln und den Cashewkernen servieren.

VARIANTE: GRÜNKOHL-SMOOTHIE
2 Handvoll Grünkohlblätter putzen, waschen und klein schneiden. 1 kleine Birne waschen, vierteln und das Kerngehäuse entfernen. 1 kleine Banane schälen. Grünkohl, Birne und Banane mit 400 ml kaltem Wasser oder Kokoswasser und ½ TL Zimt im Mixer sämig mixen.

Brokkoli im Bierteig
—— *mit Zitronen-Mayonnaise*

Für die Mayonnaise die Sojamilch mit dem Öl in ein hohes Rührgefäß geben. Balsamico und Zitronensaft dazugeben. Den Pürierstab hineinstellen und pürieren, bis das Öl und die Sojamilch emulgieren und andicken. Dann den Pürierstab vorsichtig nach oben ziehen und die Zutaten mit einer Pumpbewegung weiter vermengen. Die Mayonnaise mit Zucker, Meersalz und abgeriebener Zitronenschale abschmecken und bis zum Verzehr kühl stellen.

Die äußeren Blätter des Brokkoli entfernen und die Röschen vom Strunk abschneiden. Je nach Größe eventuell halbieren. In einer Schüssel das Malzbier mit Mehl und Meersalz klümpchenfrei verrühren.

In einem hohen Topf das Öl stark erhitzen. Mit einem hölzernen Kochlöffelstiel kann man die Temperatur überprüfen. Bilden sich viele kleine Bläschen rund um den Stiel, ist das Öl heiß genug.

Die Brokkoli-Röschen durch den Teig ziehen und portionsweise im heißen Öl 3 – 4 Minuten goldbraun frittieren. Herausnehmen und auf Küchenpapier abtropfen lassen. Die Brokkoli-Röschen mit der Zitronen-Mayonnaise servieren.

Zutaten für 2 Portionen
- 600 g Brokkoli
- 1 Flasche Malzbier (330 ml)
- 250 g Mehl
- 1 EL Meersalz
- 1 l Rapsöl

Für die Mayonnaise
- 100 ml Sojamilch (mind. 3,0 % Eiweißgehalt)
- 200 ml Raps- oder Sonnenblumenöl
- 1 TL weißer Balsamico-Essig
- 1 TL Zitronensaft
- ½ TL Zucker
- 2 TL Meersalz
- abger. Schale von 1 Bio-Zitrone

Zeitbedarf
- ca. 40 Minuten

Rosenkohl-Curry
—— *schnell und würzig scharf*

Zutaten für 2 Portionen
- 500 g Rosenkohl
- 1 Knoblauchzehe
- 1 fingerdickes Stück Ingwer
- ½ scharfe rote Chilischote
- 2 EL Erdnussöl
- Saft von ½ Limette
- 1 EL rote Currypaste
- 200 ml Gemüsebrühe
- 200 ml Kokosmilch
- Meersalz
- 4 EL Sesam

Zeitbedarf
- 30 Minuten

Den Rosenkohl waschen, putzen, den Strunk entfernen. Die Röschen halbieren. Den Knoblauch und den Ingwer schälen und in sehr feine Würfel schneiden. Die Chilischote waschen und in sehr feine Ringe schneiden.

In einer Pfanne das Erdnussöl erhitzen, Knoblauch, Ingwer und Chilischote darin anbraten. Mit Limettensaft ablöschen.

Die Currypaste unterrühren und kurz anrösten lassen. Mit 200 ml Gemüsebrühe und 200 ml Kokosmilch aufgießen, den Rosenkohl dazugeben und ca. 20 – 25 Minuten köcheln lassen, bis die Röschen bissfest gar sind und die Flüssigkeit etwas angedickt ist. Mit Meersalz abschmecken.

In einer kleinen Pfanne die Sesamkörner ohne Fett goldbraun rösten. Den gerösteten Sesam über das Curry streuen und servieren.

VARIANTE: ROSENKOHL-INGWER-SUPPE
500 g Rosenkohl waschen, putzen und vierteln, dabei den Strunk entfernen. 1 fingerdickes Stück Ingwer schälen und fein würfeln. Rosenkohl und Ingwer in 400 ml Gemüsebrühe ca. 15 – 20 Minuten weich kochen. 200 ml Kokosmilch zugießen und mit dem Pürierstab cremig pürieren. Mit Meersalz und Pfeffer abschmecken.

Rote-Bete-Burger
—— *mit Guacamole*

Die roten Linsen nach Packungsangabe zubereiten und in einem Sieb abtropfen lassen. Die Rote Bete waschen, schälen und sehr fein raspeln.

Linsen und Rote Bete in eine große Schüssel geben, Dinkelmehl, Guarkernmehl, Salz und Olivenöl dazugeben. Petersilie waschen, trocken schütteln und fein hacken, ebenfalls dazugeben. Alle Zutaten mit den Händen gut vermengen und verkneten und zu 4 flachen Patties formen. In einer Pfanne das Rapsöl erhitzen und die Patties von beiden Seiten knusprig braten.

In der Zwischenzeit die Avocados halbieren, die Kerne entfernen, das Fruchtfleisch aus der Schale heben und in eine Schüssel geben. Zitronensaft dazugeben und mit einer Gabel fein zerdrücken. Mit Meersalz und Pfeffer abschmecken.

Die fertig gebratenen Patties auf Küchenpapier abtropfen lassen. Die Dinkelvollkornbrötchen halbieren, von beiden Seiten mit Guacamole bestreichen, Rauke und Kresse darauf verteilen und mit den Rote-Bete-Patties belegen.

Zutaten für 4 Burger
- 50 g rote Linsen
- 200 g Rote Bete
- 50 g Dinkelmehl (Typ 630)
- 1 TL Guarkernmehl
- 1 TL Meersalz
- 1 EL Olivenöl
- ½ Bund Petersilie
- 2 EL Rapsöl
- 4 Dinkelvollkornbrötchen
- 1 Handvoll Rauke
- 1 Schale Kresse

Für die Guacamole
- 2 Avocados
- 2 EL Zitronensaft
- 1 TL grobes Meersalz
- Pfeffer aus der Mühle

Zeitbedarf
- 45 Minuten

Rote-Bete-Hummus
—— *ofengerösteter Lieblings-Dip*

Zutaten für 2 Portionen
- 500 g Rote Bete
- 4 EL Olivenöl
- 1 Dose Kichererbsen (Abtropfgewicht 250 g)
- 1 Knoblauchzehe
- ½ Bund Koriander
- 1 TL Zitronensaft
- etwas Meersalz

Zeitbedarf
- 45 Minuten

Den Backofen auf 200 °C (Umluft 180 °C) vorheizen. Die Rote Bete waschen, schälen und in kleine Würfel schneiden. In eine Auflaufform geben und mit 1 EL Olivenöl beträufeln. Im Backofen in ca. 35 Minuten weich garen, zwischendurch umrühren.

Die Kichererbsen in ein Sieb gießen und abtropfen lassen. Den Knoblauch schälen und hacken. Den Koriander waschen, trocken schütteln und grob zerkleinern.

Die Kichererbsen mit Knoblauch, Koriander, 3 EL Olivenöl und Zitronensaft in den Mixer geben. Die Rote Bete dazugeben und zu einem cremigen Mus pürieren.

Den Hummus in eine Schale füllen und mit etwas Meersalz abschmecken. Mit frisch geröstetem Brot servieren.

VARIANTE: SÜSSKARTOFFEL-HUMMUS
1 Süßkartoffel (400–500 g) schälen, in kleine Stücke schneiden. In eine Auflaufform geben, mit 1 EL Olivenöl beträufeln und im vorgeheizten Ofen 20–25 Minuten weich garen. 1 Dose Kichererbsen abgießen, mit 1 gehackten Knoblauchzehe, 3 EL Olivenöl, ½ Bund gehacktem Koriander und der gegarten Süßkartoffel im Mixer cremig pürieren. Mit etwas Orangensaft, Meersalz und Pfeffer abschmecken.

Rote-Bete-Pie
—— *ideal für Gäste*

In einer großen Schüssel das Dinkelmehl mit veganer Butter, Wasser und Meersalz vermengen und zu einem glatten Teig kneten. Zugedeckt ca. 2 Stunden im Kühlschrank ruhen lassen.

In der Zwischenzeit die Rote Bete waschen, schälen und klein raspeln. Die Zwiebel schälen und in feine Würfel schneiden.

In einer Pfanne das Rapsöl erhitzen und die Zwiebelwürfel darin anschwitzen. Mit dem Rohrohrzucker karamellisieren. Die geraspelte Rote Bete dazugeben und gut verrühren. Mit der Hafermilch ablöschen, mit Senf, Meersalz und Pfeffer abschmecken. Vom Herd nehmen und abkühlen lassen.

Den Backofen auf 200 °C (Umluft 180 °C) vorheizen. Den Teig aus dem Kühlschrank nehmen und auf der gut bemehlten Arbeitsfläche ausrollen. Einen Kreis, etwas größer als die Pie-Form, ausschneiden, in die Form legen und einen Rand hochziehen. Aus dem restlichen Teig Streifen oder beliebige Formen für den Pie-Deckel schneiden.

Die Rote-Bete-Füllung in die Form geben und mit dem Teig bedecken und verzieren. Ca. 20–25 Minuten im vorgeheizten Ofen goldbraun backen. Warm oder kalt servieren.

Für 1 Pie (26 cm Ø)
- 300 g Dinkelmehl (Typ 630)
- 200 g kalte vegane Butter
- 100 ml eiskaltes Wasser
- 1 TL Meersalz
- 600 g Rote Bete
- 1 kleine rote Zwiebel
- 1 EL Rapsöl
- 1 TL Rohrohrzucker
- 200 ml Hafermilch
- 2 EL milder Senf
- Meersalz
- Pfeffer aus der Mühle

Zeitbedarf
- 50 Minuten
- 2 Stunden ruhen

Pasta mit Chicorée
—— *und Haselnuss-Sesam-Krokant*

Zutaten für 2 Portionen
- 200 g Pasta nach Wahl
- 500 g Chicorée
- 2 EL Olivenöl
- 1 Orange
- Meersalz
- Pfeffer aus der Mühle

Für den Krokant
- 50 g gehackte Haselnüsse
- 2 EL Sesamkörner
- 2 EL Rohrohrzucker
- 1 TL Fleur de Sel oder grobes Meersalz

Zeitbedarf
- 35 Minuten

Für das Krokant-Topping die gehackten Haselnüsse mit den Sesamkörnern in einer Pfanne ohne Fett goldbraun rösten. Mit 2 EL Rohrohrzucker karamellisieren. Die Mischung auf einen Teller mit Backpapier geben, mit Fleur de Sel oder Meersalz vermischen und auskühlen lassen.

Die Pasta nach Packungsangabe in reichlich Salzwasser garen. Den Chicorée waschen und halbieren. Den Strunk entfernen und die Hälften klein schneiden.

In einer Pfanne das Olivenöl erhitzen und den Chicorée unter Rühren darin anschwitzen. Die Orange halbieren und über dem Chicorée ausdrücken. Das austretende Fruchtfleisch mit unterrühren. Bei schwacher Hitze in ca. 5 Minuten garen, mit Meersalz und Pfeffer abschmecken.

Die Pasta abgießen und mit dem Chicorée in der Pfanne vermengen. Mit dem Krokant anrichten.

VARIANTE: CHICORÉE-COUSCOUS-SALAT
200 g Couscous nach Packungsangabe zubereiten. 2 Chicorée (ca. 500 g) waschen, halbieren, vom Strunk befreien und in Streifen schneiden.
1 säuerlichen Apfel waschen, halbieren, entkernen und in kleine Würfel schneiden. 1 Granatapfel halbieren und die Kerne herauslösen. 1 Orange schälen und filetieren. Den Couscous in eine Schüssel geben, mit dem Saft von 1 Orange vermengen. Die Apfelwürfel, Orangenfilets und Granatapfelkerne unterheben. 4 EL gehackte Walnusskerne in einer Pfanne ohne Fett anrösten und über den Salat verteilen.

Fermentieren
—— gären statt garen

Die uralte Technik, um Lebensmittel zu konservieren, war lange in Vergessenheit geraten, ist aber in den letzten Jahren, vor allem auch durch das koreanische Kimchi, wiederentdeckt und zum neuen Trend geworden. Und das zu Recht, denn durch Fermentation verändert sich der Geschmack von Gemüse auf spannende neue und für viele, die es das erste Mal probieren, auch ungewöhnliche Weise.

Und auch die gesundheitlichen Vorteile überzeugen: Vitamine und Nährstoffe werden so für den Körper besser verfügbar und verdaulich gemacht. Fermentierte Lebensmittel sind natürliche Probiotika. Fermentieren ist ein lebendiger Prozess, bei dem Bakterien- oder Hefekulturen die Zucker- und Stärkeverbindungen im Gemüse zersetzen. Bei diesem Gärprozess entstehen Kohlendioxyd und auch probiotische Bakterien, die wichtig für die Verdauung und ein gutes Immunsystem sind.

DIE ZUTATEN

Fermentieren ist denkbar einfach. Neben etwas Zeit und Experimentierfreude braucht man dafür nur wenige Zutaten:
· frisches Gemüse aus Bio-Anbau
· Steinsalz oder unbehandeltes Meersalz
· Gewürze nach Belieben
· Einmachgläser (z.B. Drahtbügelgläser)
· Messer und Reibe oder Hobel

DIE VORBEREITUNG

Das sauber gewaschene Gemüse wird entweder im Ganzen (z.B. Gurken) verwendet, in Stücke geschnitten oder geraspelt. Je feiner das Gemüse geschnitten ist, desto schneller läuft der Fermentationsprozess.

Geraspeltes oder gehobeltes Gemüse, wie z. B. Kraut bei der traditionellen Sauerkrautherstellung, wird mit Salz kräftig verknetet, bis Wasser austritt, und fermentiert dann in dieser Lake. Größere Gemüsestücke werden mit einer Lake (Salz-Wasser-Mischung) übergossen.

Wichtig dabei ist, dass das Gemüse zu jedem Zeitpunkt von der Lake vollständig bedeckt ist. Denn steigt das Gemüse nach oben, würde sich beim Kontakt mit der Luft Schimmel bilden. Um es unter der schützenden Lake zu halten, wird das Gemüse deshalb beschwert, beispielsweise mit einem Teller und einem Gewicht (z.B. einem abgekochten Stein oder einer Tonscheibe) oder auch mit einem mit Wasser gefüllten Glas, das in die Öffnung des Einmachglases passt.

DER GÄRPROZESS

Fermentation braucht Wärme, am besten Zimmertemperatur (ca. 20 – 24 °C), vor allem zu Beginn, damit der Prozess in Gang kommt. Idealer Ort ist eine dunkle Vorratskammer oder ein verschließbarer Küchenschrank. Hat das Gemüse den gewünschten Geschmack erreicht (zwischendurch mal probieren), wird es danach im Kühlschrank aufbewahrt.

Fermentierte Rote Bete

Für 1 Glas (1000 ml)
- 1 kg rote Beete
- 20 g Steinsalz oder unbehandeltes Meersalz

Die rote Bete schälen und fein raspeln. Das Salz dazugeben und mit den Händen gründlich kneten, bis sich Lake bildet. In ein heiß ausgespültes Glas füllen und fest andrücken, damit keine Lufteinschlüsse entstehen. Das Glas maximal zu ¾ befüllen, da sich das Volumen bei der Fermentation vergrößert. Das Gemüse sollte mit einer Lake-Schicht bedeckt sein, anderenfalls mit etwas abgekochtem, abgekühltem Wasser auffüllen.

Das Glas mit einem Leinentuch und einem Gummiband verschließen und bei Zimmertemperatur mindestens 3 Tage stehen lassen. Danach mit einem Deckel verschlossen im Kühlschrank lagern.

Die fermentierte rote Bete schmeckt besonders gut zu Salat.

VARIANTE: FERMENTIERTE ZWIEBELN

400 g Gemüsezwiebeln schälen und in sehr feine Streifen schneiden. In eine Schüssel geben, 10 g Steinsalz oder unbehandeltes Meersalz darüberstreuen und mit den Händen einmassieren. Mindestens 30 Minuten stehen lassen, bis sich Flüssigkeit bildet. Noch einmal durchkneten, dann fest in ein heiß ausgespültes Glas (500 ml) drücken, sodass keine Lufteinschlüsse entstehen. Die Zwiebeln müssen mit Lake bedeckt sein, anderenfalls mit etwas abgekochtem, abgekühltem Wasser auffüllen. Das Glas mit einem Leinentuch und einem Gummiband verschließen und bei Zimmertemperatur 3 bis 5 Tage stehen lassen. Anschließend mit einem Deckel verschlossen im Kühlschrank aufbewahren. Die Zwiebeln werden durch die Fermentation milder und süßer und schmecken pur, im Salat oder auch über Saucen zu Pasta.

Fermentierte Möhren

Für 1 Glas (100 ml)
- 500 g Möhren
- 10 g Ingwer
- 10 g Steinsalz oder
  unbehandeltes
  Meersalz
- 800 ml kaltes Wasser

Die Möhren waschen und vorsichtig mit einer weichen Gemüsebürste reinigen, aber nicht schälen, da die für die Fermentation wichtigen Bakterien hier unter der Schale sitzen. Die Möhren in gleichmäßig große Sticks schneiden und aufrecht in ein heiß ausgespültes verschließbares Glas (Einmachglas mit Gummiring) schichten.

Den Ingwer schälen und in kleine Stücke schneiden und im Glas verteilen. Das Salz in Wasser vollständig auflösen und das Glas bis ca. 2 cm unter den Rand damit auffüllen. Die Möhren mit einem Gewicht beschweren, damit sie vollständig von der Lake bedeckt sind und sich kein Schimmel bilden kann.

Das Glas mit dem Deckel verschließen und bei Zimmertemperatur 8 bis 10 Tage bis zum gewünschten Geschmack lagern. Wer die Möhren etwas kräftiger fermentiert haben möchte, lässt sie etwa 3 Wochen bei einer Temperatur von 16 bis 18 °C gären.

Da sich gerade bei längerem Fermentieren viele Gase bilden, das Glas vorsichtig öffnen, indem man leicht an der Gummidichtung zieht und den Druck ablässt. Die fermentieren Möhren danach im Kühlschrank lagern.

Die Möhren sind ein leckerer Snack für zwischendurch oder zu einer deftigen Brotzeit.

Fermentierte Gurken

Die Gurken gründlich säubern und für mindestens 2 Stunden in eine Schüssel mit reichlich kaltem Wasser legen. Vor allem nicht mehr ganz frische Gurken werden so wieder knackig.

Die Gurken danach in ein heiß ausgespültes Glas schichten. Das Gurkengewürz, die geschälten Knoblauchzehen und die Meerrettichstückchen ebenfalls im Glas verteilen. Der Meerrettich hebt durch seinen Tannin-Gehalt den hohen Pektin-Gehalt der Gurken auf und sie bleiben so deutlich knackiger.

Das Salz im Wasser vollständig auflösen und über die Gurken gießen. Mit einem Gewicht beschweren, damit sie vollständig mit der Lake bedeckt bleiben.

Das Glas mit dem Deckel verschließen und mindestens 5 Tage bis zu 4 Wochen bei Zimmertemperatur stehen lassen. Zwischendurch immer mal probieren. Wenn die Gurken fertig fermentiert sind, sollte man sie im Kühlschrank lagern.

Die knackig-sauren Gurken sind perfekte Brotzeitbegleiter, ideal für Burger und als kleiner Snack für zwischendurch und natürlich auch ein köstliches Geschenk.

Für 1 Glas (1,5 l)

- 600 g Einmachgurken (möglichst frische)
- 2 EL Gurkengewürz (mit Dill-, Koriander- und Senfsamen)
- 2 Knoblauchzehen
- 3 fingerdicke Stücke Meerrettich
- 1 l kaltes Wasser
- 40 g Steinsalz oder unbehandeltes Meersalz

Register von A bis Z

Vegan leben — gesund genießen

ALGEN

Das gesunde Gemüse aus dem Meer: kreativ vegan, ob als Smoothie, Suppe, Salat, Pasta oder Kuchen

KOSMOS

Jörg Ullmann
Kirstin Knufmann

128 Seiten, ca. €(D) 25,–

Algen – das Powerfood der Zukunft: gesund, reich an hochwertigem Eiweiß und wertvollen Nährstoffen, viele Ballaststoffe, kaum Fett und wenig Kalorien. Nicht ohne Grund stehen Algen in der asiatischen Küche täglich auf dem Speiseplan: für Suppen, Salate, zum Einwickeln von Sushi-Röllchen, gekocht, gebraten oder eingelegt, getrocknet als Würzmittel oder als Knabber-Snack. Nicht nur in der veganen und Rohkost-Ernährung gewinnen sie auch bei uns zunehmend an Bedeutung als Lebensmittel. Alle wichtigen Infos und über 60 Rezepte mit dem Powerfood.

kosmos.de

160 Seiten, ca. €(D) 19,99

Rohkost bedeutet nur Salat und Gemüse-sticks zu knabbern? Ab jetzt nicht mehr! Denn die „lebendige Nahrung" wird nun auch kreativ und vielfältig verarbeitet – es wird gemixt & mariniert, gedörrt & gekeimt. Neben einfachen Basic-Gerichten für jeden Tag, wie grüne Smoothies, lassen sich auch Klassiker wie Pizza oder Käsekuchen zube-reiten – und sind mindestens genauso lecker wie ihre nicht-rohen Vorbilder. Ein großer Einleitungsteil gibt alle nötigen Informati-onen zu Produkten, Zubereitungsarten und Geräten, die man für den Einstieg in die Rohkostküche benötigt.

Akteurin

Franzi Schädel lebt in Mölln und ist hauptberuflich als Hochzeitsfotografin auf den Spuren der Liebe unterwegs. Ihre zweite große Leidenschaft ist das Kochen. Sie lebt vegetarisch mit starkem Hang zum Veganen (wenn der Ziegenkäse nicht wäre …) und füllt seit 2010 ihren Blog „Wo geht's zum Gemüseregal?" regelmäßig mit neuen Rezeptideen. Dabei legt sie besonders großen Wert auf einfache, unkomplizierte Gerichte mit möglichst regionalen und saisonalen Zutaten. Wie für ihr erstes Buch „Mein veganer Adventskalender", 2015 bei KOSMOS erschienen, hat sie auch diesmal alle Gerichte gekocht und fotografiert.

Danke

Ich danke von ganzem Herzen dem liebsten Mann der Welt, denn auch nach diesem Buch hat er mich noch nicht sitzen lassen und stand mir mit ganzem Einsatz bei.

Vielen Dank an Hess Natur und Otto, die mir mit so viel Freude die Kleidungsstücke für meine Fotos bereitstellten.

Eva, du wundervoller Mensch. Hab Dank für all dein Wissen, deine Erfahrung und dein Durchhalten. Du bist toll!

1000 Dank an all meine lieben Freunde und meine Familie, die probiert und nachgekocht haben, mir bei Texthängern neue Inspiration gaben und vor allem immer an mich und das Buch geglaubt haben. DANKE!

Ein ganz besonderer Dank an Sarah-Lotte. Weil dein Sternenstaub über diesem Buch liegt!

Impressum

Umschlaggestaltung von Gramisci Editorialdesign, Claudia Geffert, München unter Verwendung von zwei Farbfotos von Franziska Molina (Vorderseite) und Franzi Schädel (Rückseite)

Mit 63 Farbfotos von Franzi Schädel (Foodfotos) und 6 Farbfotos von Susanne Trapp (S.10/11, 42/43, 74/75, 106/107) und Franziska Molina (S.6, 52)

Unser gesamtes Programm finden Sie unter **kosmos.de.** Über Neuigkeiten informieren Sie regelmäßig unsere Newsletter, einfach anmelden unter **kosmos.de/ newsletter**

Gedruckt auf chlorfrei gebleichtem Papier

© 2017, Franckh-Kosmos Verlags-GmbH & Co. KG, Stuttgart.
Alle Rechte vorbehalten
ISBN 978-3-440-15363-5
Projektleitung und Redaktion: Dr. Eva Eckstein
Gestaltungskonzept: Gramisci Editorialdesign, Claudia Geffert, München
Gestaltung und Satz: Cordula Schaaf, Grafik-Design, München
Produktion: Eva Schmidt
Printed in Germany / Imprimé en Alemagne

FSC
www.fsc.org
MIX
Papier aus verantwortungsvollen Quellen
FSC® C004592